遥かなり　昭和二十年三月十日

寺田　弘

はじめに

ベルリンの舗道には「つまずきの石」と呼ばれる縦横十センチの四角い真鍮《しんちゅう》のプレートが埋めこまれている。第二次世界大戦で虐殺されたヨーロッパのユダヤ人のための記念碑で、ナチス政権によって殺された人の名前と生年月日、命日、亡くなった場所が記されている。

ケルン在住のアーティスト、デムニッヒによって始まったこの活動は、ベルリンだけでなくドイツの各地をはじめそれ以外の、今やヨーロッパの国々にも広がり、戦争の加害者としての事実を「なかったことにして覆い隠す」のではなく、今後の平和のためにあえて直視するために、多くの若者によって作り続けられている。

ひるがえって日本はどうだ。広島、長崎には原爆という被害を永久に意識させる建造物はあっても、東京、名古屋、大阪、神戸などにはほとんど何も無い。昭和二十年三月十日の東京大空襲の光景なども、現在の東京には思い起こさせる風景は何もない。何でも残しておくドイツと、不都合なことは水に流す文化の日本とは対照的な姿である。（ただし、平成十四年に空襲の悲惨な体験を風化させないよう、市民の募金で作られた東京都江東区北砂の「東京大空襲戦災資料センター」はある）

それならば個人として孫たちに記録を残すことが、その日に紙一重の差で生き残った者の責任と考えた。とはいえ偉そうなことは私自身言えない。実はサラリーマン時代は悲惨な戦争体験をすっかり忘れてしまっていたことを今更ながらに恥じている。だから主に私自身の戦争被災体験を精一杯思い起こしながら、同時に戦争の影響を受けたヒト、モノ、コトなど思いあたる範囲で資料にあたり書いてみた。きな臭い現在の政治についても、あえて筆をとった。

傘寿（八十歳）を迎え、ここまで生きられたことを感謝するとともに、あれから七十数年余がたち戦争のむごさを忘れたこの国に、それの近づく足音が聞こえ出したことを憂いて、あえてタイトルも『遙かなり　昭和二十年三月十日』とした。

範囲が多岐に渡りすぎて雑駁になってしまった感なきにしもあらずだが、私の贖罪の思いを込めたものと了承していただければ幸いである。

著者

目次

プロローグ

「トランクの中の日本」――焼き場に立つ少年

京都で行われていた展示会

平成二十七年十二月、一年間の京都滞在を終了してつくば市に戻ろうとしていた前日に、街角に貼ってあった一枚のポスターに釘付けになった。「トランクの中の日本」という写真展が、七月七日から翌年の一月末まで行なわれているというものであった。そしてあの写真が目に飛び込んできた。十年位前に新聞に「焼き場に立つ少年」の写真が掲載されており、それが突然甦《よみがえ》ってきたのだ。（帰郷して新聞のスクラップを見てみたら、毎日新聞の平成十八年七月一七日、反核の詩朗読劇記事の中に掲載されていた）

一年間の京都滞在中には、毎週一、二回は必ずこの道は通っていたのにそれが目にはいらず、帰還前日に気がつこうとは――。私はそのままきびすを返して、会場に向かった。展示会場は北野天満宮の正面大通りの反対側の通りに入ったところにある、佛立《ぶつりゅう》ミュージアムという近代的な建物である。本門佛立宗の所有するもので、そのような建物があることすら全然知らなかった。

写真展のチラシによると、昭和二十年（一九四五）、若き米軍兵士ジョー・オダネルが原爆投下後の焦土の日本を記録したものである。非公式に私用のカメラで撮った三百枚のネガは、帰国後戦争の忌まわしい記憶とともにトランクの中に封印していたが、四十三年の時を経てそのトランクを開けさせたものは彼の平和への願いからだ。

平成二年（一九九〇）からアメリカで、ついで平成四年から日本各地で行った彼の写真展は話題になっていた。ただし、平成七年に予定されていたワシントンのスミソニアン博物館での原爆写真展は、米国在郷軍人の圧力でキャンセルされ展示は実現しなかった。そのスミソニアンで展示されなかった真実の記録「トランクの中の日本」の中から、四十点がここ京都で展示されていたのだ。

その中の一枚がチラシに掲載されていた「焼き場にて、長崎」である。撮影者のオダネル氏は、この写真にこうコメントをつけている。「この少年が死んでしまった弟をつれて焼き場にやってきたとき、私は初めて軍隊の影響がこんな幼い子供にまで及んでいることを知った」。「直立不動の姿勢で、何の感情も見せず、涙も流さなかった。そばに行ってなぐさめてやりたいと思ったが、それもできなかった」「私はなす術もなく、立ちつくしていた」「焼き場に10歳くらいの少年がやってきた。小さな体はやせ細り、ぼろぼろの服を着てはだしだった」

「焼き場にて、長崎」

撮影者ジョー・オダネルは昭和二十年九月、占領軍のカメラマンとして広島、長崎その他、空爆による日本の都市の被災状況を記録する任務を与えられ、終戦直後の日本に上陸する。その後七ヶ月間にわたり軍の記録写真とするために、広島や長崎など焦土と化した日本各地を撮影した。その中の一枚が長崎で撮ったこの焼き場での写真だった。原題は「焼き場にて、長崎」、日本のタイトルは「焼き場に立つ少年」だ。

そのコメントを彼は後に記憶の中から、思い出しながら語っている。

——少年の背中には二歳にもならない幼い男の子がくくりつけられていた。その子はまるで眠っているようで、見たところ体のどこにも火傷の跡は見当たらない。

少年は焼き場のふちまで進むとそこで立ち止まる。わき上がる熱風にも動じない。係員は背中の幼児を下ろし、足元の燃えさかる火の上に乗せた。まもなく、油脂の焼ける音がジュウと私の耳にも届く。炎は勢いよく燃え上がり、立ち尽くす少年の顔を赤く染めた。気落ちしたかのように背が丸くなった少年はまたすぐに背中を伸ばす。私は彼から目をそらすことができなかった。少年は気を付けの姿勢で、じっと前を見つづけた。一度も焼かれる弟に目を落とすことはない。軍人も顔負けの見事な直立不動の姿勢で彼は弟を見送ったのだ。

私はカメラのファインダーを通して、涙も出ないほどの悲しみに打ちひしがれた顔を見守った。私は彼の肩を抱いてやりたかった。しかし声をかけることもできないまま、ただもう一度シャッターを切った。急に彼は回れ右をすると、背中をぴんと張り、まっすぐ前を見て歩み去った。一度もうしろを振り向かないまま。係員によると、少年の弟は夜の間に死んでしまったのだという。その日の夕方、家にもどってズボンをぬぐと、まるで妖気が立ち登るように、死臭があたりにただよった。今日一日見た人々のことを思うと胸が痛んだ。あの少年はどこへ行き、どうして生きていくのだろう?

現在この写真は他の子どもたちのスナップ写真とともに、長崎原爆資料館に寄贈されているとのことである。

あの少年はどこに消えたのか?

昭和二十年三月十日の東京下町の大空襲で十万人の死者が出た中で、九死に一生を得た私には、この少年の事態は他人事ではなかった。少年は年齢では私より三、四歳上のようだが、当時私の弟は満三歳で、よく親に言いつけられて弟を背中におぶっていたので、どうも自分のことのように力が入ってしまう。まかり間違えばあの少年は私だったかも知れないのだ。

つくば市の自宅に戻り関連書籍を探したら、幸いにも吉岡栄二郎という人が書いた「『焼き場に立つ少年』は何処へ」という本が、平成二十五年に長崎新聞社から出ていることがわかった。吉岡氏は多摩美大出身者で「仏教シルクロード」「ロバート・キャパの謎『崩れ落ちる兵士』の真実を追う」などといった息の長い調査をして本にまとめている人で、ジョー・オダネル撮影のこの少年のことも、調査を五年余りして先の本にまとめている。その本をかいつまんで紹介してみる。

まず焼き場がどこにあったのか、オダネル氏の記憶からでは場所がどうしても特定できない。また少年について長崎を広域に調査をし、多くの人に会い聞き込みをした。その中で有力なのが旧北高来郡戸石村（現長崎市戸石町）の調査で浮かび上がった上戸某氏だ。彼は気質がまじめでおとなしく、小さい弟をいつも背にしていたらしい。ただし戸石村には約二年くらいしかいなかったので、近所の人たちの記憶には薄いものになっていた。

私が考えるに、八月九日の長崎への原爆投下の被害をこの兄弟も間接的に受けていたのかもしれない。村は爆心地から十・五キロの距離にあったが、午前十一時二分に長崎の方でピカッと目の前が真っ暗くなるような強烈な光が走り、爆弾が落ちたかのような熱さだったという。そして本文の最後の部分に氏の印象的な文章が記されていた。

当時を知る戸石町の里キミヱさん（83）は、「焼き場に立つ少年」の写真を見て「良《よ》か家の子――」と云う。はいている半ズボンも都会的、おんぶ紐は田舎では見られない金具の着いたオシャレなものだという。当時は母親の古い帯紐などをおんぶ紐に使っていた。幼い命を送る時、夜は寒かろうと冬ものの温かそうな衣で包み、せめてもの高価なおんぶ紐で幼子を兄の背中に背負わせたのは、わが子に最期の別れを惜しむ母親であったのではないだろうか――。

私もこれに同感だ。縁故疎開で東京を離れて遠方の地にその頃行っていたのだが、このように服装の整った子どもは、地方ではあまり見かけなかった。この直立不動の少年はじっと前を見続け、炎に焼かれていくいとしい弟を見ていない。いや肉親としては直視できなかったのだろう。かわいい盛りで、いつも側《そば》にいてくれた兄にはどんなになついていたことだろう。彼はこの別れに、兄としてどんな思いでいたのだろうか。絶対に消えることのない寂寥《せきりょう》感、とついわが身のことのように感じてならない。

だから切ない。

京都滞在の最後の最後に、写真の中の少年に会えてよかった。生きておられるなら現在、八十歳を超した私とほぼ同世代の人だ。人に言えないこの苦しい体験は絶対他人には語らないだろう。会う機会はないのだが、同世代のよしみだ。健在であってほしい。

二〇一八年一月、ローマ法王から原爆投下後の長崎で死亡したこの「焼き場に立つ少年」の写真を、「戦争の結果」として全世界に広めるように指示がなされた。

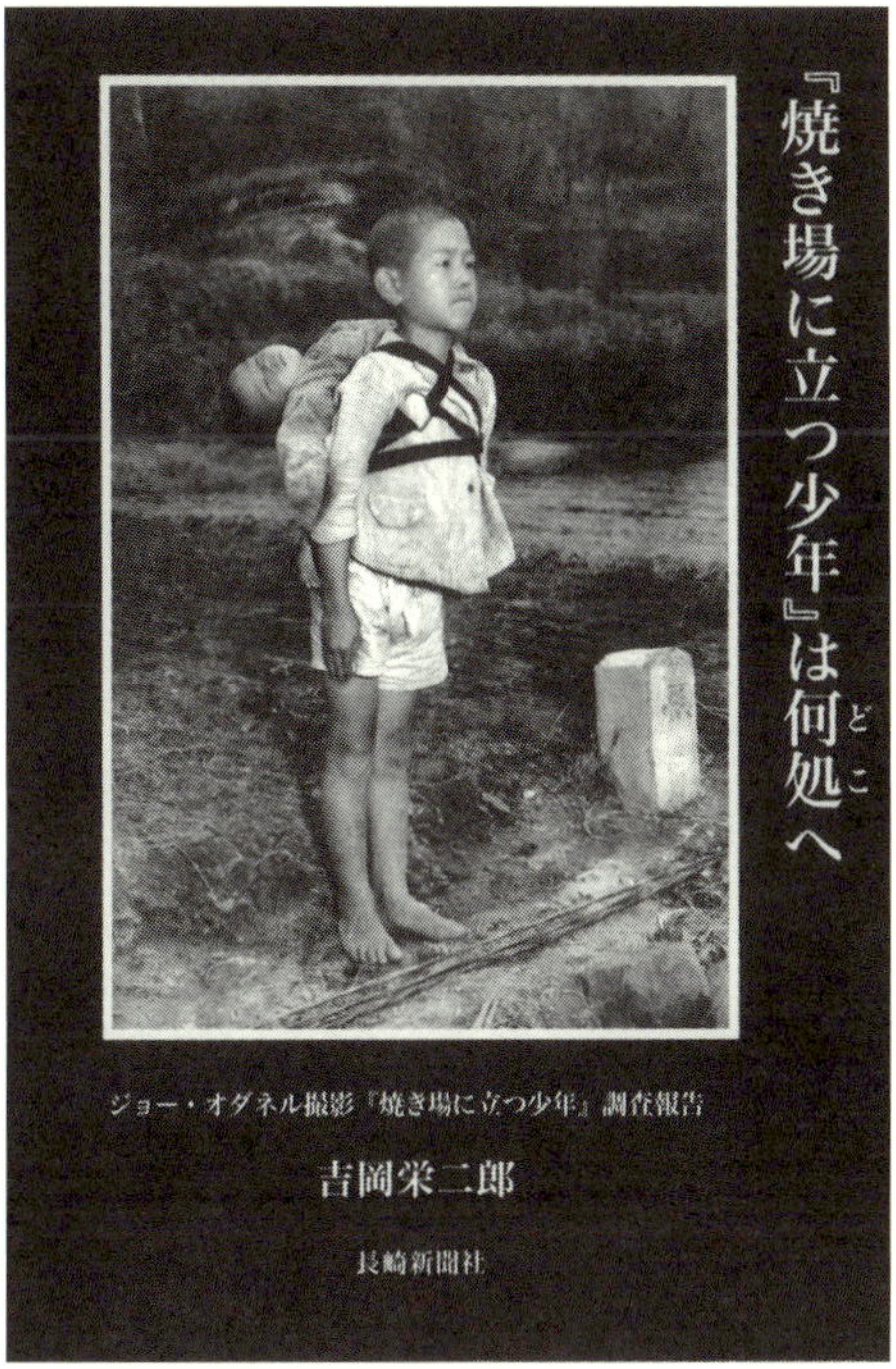

「『焼き場に立つ少年』は何処へ
ジョー・オダネル撮影『焼き場に立つ少年』調査報告」
（吉岡栄二郎著／長崎新聞社）

第一章　東京・下町炎上

私は昭和二十年三月十日の東京下町の大空襲で、多数の死者が出た中で九死に一生を得た。北風にあおられ紅蓮の炎に包まれたあの夜、まさにこの世の地獄絵を見てしまった私にとって、それ以降の人生は一体なんだったのだろう。今もって「余生」ともいうべき感慨にとらわれている。

昭和二十年三月十日（1）　地獄絵

その日、三月十日

昭和十六年（一九四一）に太平洋戦争が始まって、最初のうち日本は破竹の勢いだなんて言っていた。だけど、実は早い時期から日本が負けることは見えていたというのが正直なところだと思う。

事実、日本の戦況が悪化していくにつれ、空襲警報がよく鳴っていた。特に夜中に、ブーンと爆撃機が飛ぶ音がすると必ず空襲だ。普通はその空襲警報が鳴ると家を出て防空壕に入るところがある時から、私は「防空壕に行くのはいやだ！」と、布団から出て逃げるのを拒んだ。母親が「それじゃ死んじゃうから行こうよ」と言ったけど、まだ子どもだから夜中は眠いこともあり、空襲が度重なるにつれ防空壕行きが多くなって眠るに眠られず、「それなら死んでもいい」と言って母親を困らせたものだ。

そういう中で、終戦の年の昭和二十年三月十日を迎えた。その日は前日から北風の偏西風がピューピュー吹く寒い夜だった。空襲が始まった時、国民小学校入学直前の六歳だった私はどうしていたのかというと、今でいえば江東区深川清澄二丁目の母親の叔母の稲垣家に、母親と私と弟の三人で泊まっていた。そこは、今でもある中村高等女学校（現中村中学校・中村高等学校）の隣接地だった（斜め前が現在の清澄公園と清澄庭園で三菱の岩崎弥太郎所有の庭園）。その家は女学生相手に夏はアイスキャンディーやかき氷、冬は汁粉をほそぼそと商っていて、私のお気に入りだった。

真夜中の零時過ぎくらいに、「起きなさい！」という大きな声がした。例によって嫌だってぐずぐず言っていたけれど、周りが真っ赤になっているのが目に入った。黒い棒状の焼夷弾が落ちて、外は夜だというのに昼のように明るい。おまけにバーンバーンという破裂音がする。それと凄い煙だ。焼夷弾というのは、後で聞いた話では通称「モロトフのパン駕籠《かご》」（E46集束焼夷弾）といって、中に小型焼夷筒が三十八発くらい入っていた。長さ五十センチほどの六角形の棒状鋼鉄パイプで、先端に信管が装着され、尾部には落下時の安定性のために布製のリボンがついていた。一本の重さが三キロ弱、パイプの中はゼリー状のガソリンでみたされている。それが槍のように振ってくる。地上や建物に触れると瞬間的に油が飛び散って燃え上がる。防空訓練映画では、水をかければ消えると言っていたけど、消えるどころじゃない。焼夷弾の中のガソリンは水をかけたらワーッとよけい燃え広がってしまう。その火の勢いは常識では考えられないものだ。身体に当たったら肉と骨を砕き、死は避けられないものだった。

それがあちこち家の瓦を砕き木材を突き破る鈍い音とともに、一瞬にして家々の屋根を炎上させていった。当時は防空頭巾をかぶっていたから、油脂の飛沫が布に移って瞬間的にボーッと火がついた。直撃を受けた人は歩きながら燃え上がってもだえながら死んでいった。そうして目の前で人間が燃え上がる姿をたくさん見た。まさに地獄絵だった。なにせ焼夷弾が雨あられのように落ちてきて、その火というか煙で目も口も開けていられない状態だったことを、今でもはっきりと思い出す。それから焼け焦げた死体の横を避けながら歩いたわけだが、あまりにも数が多く、いつのまにか死体の上を踏んづけて歩く状態になっていた。

弟を背負った母親の手を離すまいと思うものの、なにしろ周りは紅蓮《ぐれん》の炎で火柱が強烈な北風にあおられ、夜空に向かってあちこちで渦巻いていた。中村高等女学校に行ったけどそこは満員で、校門なんてもう入れなかった。やがて学校も燃え出し一帯は火の海になった。右往左往している人々が断末魔の声を発して、ばったばったと倒れていく。赤インクをまきちらしたような凄惨な光景だった。

数百メーター先は隅田川だけど、そこにかかる清洲橋ではそれぞれ両岸から人が逃げようと流れ込んで来ていて、押し合いへし合いになっていて、とても渡るどころの話ではなかった。ゴーッと橋を渡って炎が襲いかかる。橋から飛び降りたら飛び降りたでまた溺死する。つかまるものが何にもないからだ。後で読んだ本によると、川に飛び込んだ人の多くは冷たさのために心臓麻痺、橋の上では酸欠による窒息死が多かったという。

そういう中で、私が本当に憎らしいと思ったのは上空のＢ29が、今でいうジャンボ飛行機だが、そのジャンボ機がものすごく低空で本によれば地上二千メートルくらいまで降りてきて、逃げ惑う人々を「バババーッ」と撃ったことだ。これはほんの例外で、一、二機だったと言われているが、目の当たりにした側からするとその恐怖ったらなかった。

結局われわれ家族は近くの清澄庭園に逃げ込んだ。ここは普段は閉鎖されているのだけど、みんなで扉をぶち破って、われわれ家族は避難してなんとか助かった。そこへ辿《たど》り着けなかった人々は、隅田川、小名木川、貯木場や道々で焼け死んでいった（私は見ていないが黒い霧のようなものが地面に立ち込めて酸欠状態で多くの人々が一瞬のうちに亡くなったと最近言われている）。この空襲によって深川エリアをはじめ下町一帯で約十万人が死んでいった。

米軍機はただ漫然と焼夷弾を落としていったのではなかった。現在の江東区に爆弾の雨を降らすと、墨田区、台東区、中央区と、リング状に焼夷弾を落し逃げ場を遮断した。人が逃げられないように囲っていき、要するに皆殺《みなごろ》しをやったのだ。

だから生きるも死ぬも一瞬の差で、生き残ったのはほんの偶然にしかすぎない。これは平成二十三年（二〇一一）の東北の津波被災地と一緒だ。たまたま運のいい人が生き、運の悪い人が死んだというふうに。

戦争というのは、本来は軍隊同士で戦うものだ。このように一般市民を皆殺しにするというのは、本来のルールじゃない。私ども下町の人間はまさにルール違反によって殺され傷ついたのだ。

焼き尽くされた東京・下町一帯

皆殺しを目的にした東京大空襲

深夜の四時過ぎに空襲が終わっても街はしばらくまだ燃えていた。消防車も燃えてしまったから自然鎮火を待つしかなかった。ほんとに消えたのは明け方だった。翌日は死屍《しし》累々でもう何も残っていなかった。清澄庭園で怖さと寒さでぶるぶる震えていると、父親が偶然に探し当ててくれた。その頃父親は港区で回船業の仕事中で、海外にいる兵士に物資を送りとどけるために船を見回っていたので、その明け方にわれわれの安否を気づかい探しに来てくれた時に偶然に出会ったのだ。私の住んでいた小名木川の家（今でいえば常磐一丁目の借家）はというと、この空襲で燃えて跡形もなかった。父親の会社がある港区日の出橋の方はあまり焼けていなかったので、しばらくはそちらに行って、その後四月に小学校入学のために、母親の里の茨城県猿島郡境町に疎開したわけだ。

その恐ろしい大空襲で米軍の指揮をとったのはルメイ将軍だ。彼はドイツのハンブルクでの爆撃でも指揮をとった人物だ。彼は新しい、もっとも恐ろしいものを採用した。それは夜間、低空で目視爆撃をするという恐ろしい爆撃方法だった。そこでは無数の焼夷弾を使用した。そして厳密な意味での軍事施設だけでなく、〝地域群〟への攻撃も加えたのだ。日本の場合は軍事生産の多くが、下町の家内工業に集まっているのが攻撃の最大の理由であったらしい。「無差別絨毯《じゅうたん》爆撃の意図は、ここまできてまったく完璧なものになる。あきらかに〝地域群〟の一般市民に対しての残虐な〝皆殺し爆撃〟が、この夜の米空軍の主目的であったことが理解できよう」と後で読んだ本に書かれていたように、初めから皆殺しが目的の爆撃であった。こうしてアメリカは完膚《かんぷ》なきまでに東京の下町を焼き、市民を殺した。

そういう状態の中で、私はチビながらも憤慨していたことがいくつかある。当然のことながら、まずこのアメリカ軍の非道な皆殺し爆撃だ。次は日本に対する怒りだ。翌朝のＮＨＫのラジオ放送で「下町がやられたが被害はわずかであった」と発表したことだ。被害はわずかとは、皇居のことを言ったみたいなのだ。さすがに米軍は皇居には爆弾を落とさなかった。被害はわずかで、御門の垣根が少し焼けたくらい。そこで「被害はごくわずか」と発表したのだ。「ふざけんな！」って母親に向かって怒ったことを今でも覚えている。

少国民の歌

当時私らチビは少国民と呼ばれていた。戦争するのが大国民である大人で、少国民は次に兵隊になることが決められていた。チビなんて戦争予備軍のために生きていたようなものだった。こんな少国民の歌がある。

勝ち抜く僕等少國民　天皇陛下の御為に
死ねと教へた父母の　赤い血潮を受けついで
心に決死の白襷《しろだすき》　かけて勇んで突撃だ

私らは天皇陛下のために死ねと言われていたのだ。なんで天皇陛下が私らに死ねと言えるのかが、怒りの三つ目。

四つ目は成人してからなのだが、皆殺し作戦の指揮を執ったルメイ将軍に日本は勲章を贈っている。昭和三十九年（一九六四）末、埼玉県の航空自衛隊入間基地で時の総理大臣・佐藤栄作が、「戦後、日本の航空自衛隊の育成に協力した」という名目で、勲一等旭日大綬章を彼に贈っている。「冗談じゃない！」。これは、明らかにアメリカの奴隷になったみたいに「へいこら」してすり寄る、日本国の腐った精神を露呈したものだ。

私は三月十日の米軍による皆殺しの爆撃時、つまりチビの時に味わったあの怒りが、今また形を変えてむくむくと甦《よみがえ》って来るのを抑えきれない。当然のことながら、私のような空襲体験を日本国民は二度としてはならないと思っている。戦後七十年余、戦争阻止の大役をはたしてきた日本国憲法を、なし崩し的に戦争遂行憲法に変えようとしている動きには怒りを禁じえない。

その意味では三月十日は私にとって終生の、いや墓に入っても忘れてはいけない日なのだ。日本の国にとっても未来永劫学びの始まりの日なのだ。近頃、しきりにそう思っている。

（初出は早乙女勝元監修『あこよ つまよ はらからよ』青風舎二〇一五年に収録された文章を加筆・訂正した）

本当の苦しみは戦後から

三月末に母親の里へ行き、四月に茨城県猿島郡境町国民小学校に入学した。いわゆる縁故疎開だ。そこには祖父と叔母と二人の叔父貴がいて、すでに兄二人が預けられていた。兄貴たちがいた関係で淋しさなんて一切なかった。

一方父親も東京が大空襲にあった三月十日からおかずして、二回目に招集の通知がきて、茨城県の勝田に入隊した。そこの沖合ではアメリカ軍のでかい艦隊から飛行機が飛び立ち、直接艦砲射撃があったという。土嚢《どのう》の中から届きもしない銃で弾を撃つこともあったらしい。ある時激しい機銃掃射に遭い、気がついたらすぐ隣で銃を撃っていた戦友が撃たれて死亡していた。軍隊で内地にいても、死はすぐそこにあったのだ。

ただしチビだった私は八月十五日の終戦時にも遊びに夢中だったから、昭和天皇の終戦の言葉は聞いていない。大人たちががっくりしたという記憶もない。その頃日本は完全に疲弊して、戦争が終わってよかったという雰囲気だった。

だが、私の個人的な苦しみはその時から始まった。まず食べる物がない。母親の生家はお寺の門前で線香や瀬戸物を売っていた（父親の実家は茨城県の取手だが、利根川沿いのその集落はもともと船に乗っていた人たちで、みんな水運で生計を立てていた）。近所の多くは農家だったが、家では農作物は作っていないため食料がない。チビの私らは食べ物がないのだ。疎開先での叔母のところには、間もなく弟が加わり全部で四人の男の子が預けられた。

叔母はまだ若い身空だった。食べ物がなくて大変だったと思う。食べ物がないのはどういうことかって言ったら、栄養失調になるのだ。今でも覚えているけど、全身に吹き出物ができて、かゆくてそこを掻くと、ヌルーッとする。おできの膿《うみ》のせいだった。しかも頭はシラクモ疥癬《かいせん》だ。あの時、初めてこのままいったら死ぬなと思った。

それと田舎でも進駐軍がジープに乗ってやって来た。それでよく映画で「ギブ・ミー・チョコレート」とか言って子共たちが群がるシーンが出てくるのだけれど、当時流布していた話は、若い女性は進駐軍にさらわれるということだった。周囲ではそのせいでみんな戦々恐々としていた。私の叔母は若いし、つれていかれたら大変だと進駐軍が回って来ると逃げろ、隠れろって彼女に言ったものだ。だから彼等が来ることは本当に怖かった。

幸いなことに五月に出征した父親が九月に復員して、元の会社に戻ったこともあり、東京・

港区に一家がまとまることになった。昭和二十年の年末東京に引き上げる時のこと、家の前の石屋の同級生に小石を投げられた。それが右目のすぐ下にあたり、出血して今もってわずかに傷跡として残っている。彼等から見たら東京人なんて、アメリカ人以上にスカシていて、憎たらしい存在だったんだろう。当時二人の兄貴たちは二人の叔父貴たちの威厳のもとで、相当やんちゃ坊主だったようだ。そこでおとなしい私が標的にされたのだろう。悔しいけれど仕方ないなと我慢した。境町の国民小学校には、昭和二十年四月から十二月までの八ヶ月間いたことになる。

焼夷弾は水で消せ？

話を戻すが、東京の空襲は三月十日以降、四月十三日、五月二十四日と続くのだが、犠牲者の規模が小さい。三千人とか四千人だ。何故三月十日に十万人と膨らんだのか、最近になってようやくわかってきた。老人や婦人の大人たちは、みんなで消火活動をしていて逃げ遅れたのだ。火は水で消せるから逃げてはならないと国からの指令が出ていたのだ。そういえば古い記憶を掘り起こしてみると、当時映画館に入ると、盛んにバケツリレーによる消火活動の映像が流れていたのを思い出した。今からすれば焼夷弾を水で消せるはずはない。なにせ水と油だ。

平成三十年五月現在、毎日新聞の夕刊に連載中の直木賞作家・石田衣良の『炎のなかへ』という小説は、まさに三月十日の江東区や墨田区の下町の大空襲のことを扱おうとしており、その日にいたるまでの描写の中にもこんなことが書かれている。

「愛国的な婦人団体の会話――『いつものように火ばたきで焼夷弾を消す訓練をしたの。アメリカの焼夷弾があれでほんとうに消せるのかしらね』。タケシは黙っていた。逃げるな、火を消せ。焼夷弾は怖くないと中学では教わっていた。砂や水をかけて火を消し、屋根を破って屋内に落ちてきたら、スコップで外にほうりだせ。焼夷弾の温度は数千度にたっする（のに）」

三月十日以降は、水では燃え広がるだけで消せないことがわかり、消さずに逃げろということが、東京市民にひろく知れわたったというのが本当なのだ。分かっていながら、なんてむごいことを国は指令するのだろう。

私がそのことを知ったのは、同じ戦後七十年を期して『東京大空襲をくぐりぬけて――中村高等女学校執務日誌――』（銀の鈴社二〇一五年）という本の出版によってだ。その本の終章にずばり書かれていた。要約すると次のようになる。

「三月十日の空襲の多くの犠牲者は昭和十六年の改正で、都市から住民撤去を禁止したことによる。その目的は国民に防火義務を履行させることにあった。国は軍防空の限界を意識して、市民に『民防空』を担わせようとしていたのだ。国民に『死の覚悟』を強制し、退路を断ったのだ。国民に『最後まで逃げるな』と要求し続け、死傷者の数など一切発表もしていなかった。しかも米などの食料も戦争末期には配給制になっており、都市住民が勝手に疎開などして退去したら配給しないと言っていたのだ」
国は昔も今も国民を守らないということなのか。

七歳にして余生

三月十日の大空襲は、一瞬の判断の差で生死をわけたわけだし、その後も食料事情が悪くて餓死するところだった。それに何といっても三月十日に、あまりにも多くの死者を見過ぎた。しかも苦悩の末に死んでいく人々の顔を見過ぎた。そのせいか、私は「七歳にして心が折れた」状態になった。だからどうしょうもなく、その後は「余生」という感じがしてならない。この感じは他の人にはわからないだろうが、今もって私には「七歳にして余生」という感覚がズーッとある。

だから東京に戻り、港区の竹芝小学校（廃校）に昭和二十一年一月に転校して、物は無くともよい先生に会えてそれは幸せだったが、小学校時代を通して成績表の性格欄のところには「性格暗し」といった趣旨のことが書かれていた。本人の自覚ある無しにかかわらず、性格の暗さになってあらわれていたのだろう。

本来の明るさを取り戻したのは中学生になってからだ。そのせいもあってか、私にはあまり欲がない。一般的な物欲がない。着るものの欲だとか、食べるものの欲だとか、出世欲とか名誉欲とか特に金銭欲なんかほとんどない。江戸っ子のはしくれで、それも似非《えせ》江戸っ子の遺伝子を継いでいるから、お金なんて全然目にしないということだ。

私の中にあるのは、国家権力とか権威とか不正義や不誠実に対する怒りなのだ。どうもおかしいっていうことに対して敢然と反抗する、一種の正義感からくる怒りなのだ。面倒くさいからわかりやすく「下町の正義感」と言ってはいる。小中高のそれぞれで先生に反抗し、干されちゃったこともあった。でも、そんなことは私にとってはどうでもいいことだった。やっぱりチビの時に命の瀬戸際に立たされると、おおげさに言うと生きることに対して欲がなくなってしまうのかもしれない。

今回の東日本大震災で被災した人たちにも、周囲のあんなに善良な人達が命を亡くし、自分がたまたま生き残って本当によかったのかな、といった申し訳ないという感情があると思う。震災で破壊された自分たちのまちに対して、もう一度何とか再建しなければいけないと取り組んでいる人たちは謙虚だし、優しい。いわき、仙台、南相馬、石巻、南三陸、気仙沼、大槌、釜石など多くの人に出会ったが、皆こころ優しい人たちだった。

戦争に出会った人たちも、震災に出会った人たちも同じなのだと思う。だから今回の震災でも、ただ頑張れ頑張れじゃなくて、やっぱりそばに行って何かしなきゃいけない、なにか支えなければいけないというような、じっとしていられないような気持が私にはあるのだ。

9条という崇高な精神の宝物

日本人のメンタリティ

さて、ここで正直に言わねばならないことがある。あの戦争の渦中にあって多くの日本人は戦争をどう見ていたかということだ。結論をいえば、ごく一部の人を除いて日本国民は、『鬼畜米英、戦争万歳！』だったのだ。

もちろん、私の両親もラジオが伝える大本営発表の戦果に手をたたいていた。日本人は体制にいとも簡単に乗りやすく、右といえば右を向く「流れに乗っかっていく」タイプの民族なのだ。敗戦になればなったで大惨事を招いた日本の指導者にも、この三月十日の皆殺し作戦で多くの人を殺し、かつ原爆まで落としたアメリカにも一切責任を問わない。あたかも天災にあったかのように「腹におさめて」受け入れてしまうのだ。そして「民主主義」を受け入れ、新しい「憲法」を受け入れたのだ。

だからであろうか、日本の国民は進駐軍が来た時に態度を一変させた。梯久美子著の『百年の手紙―日本人が残した言葉』によれば、日本人の多くがウェルカムだったらしい。国民からマッカーサーへのファンレターが三千五百通。その中に贈り物を受け取ってほしいとか、閣下の銅像を建てたいとか、日本をアメリカの属国にしてくださいとか、アメリカのスパイとして働きたいとか、多くの人が言ってくれたらしい。日本人のメンタリティとして、藩の殿様が戦で負けて新しい藩主を迎える時に、すばやく乗り換える変わり身の速さを根っこに持っていると私は思う。でも、この戦争でわれわれはそこまでやられておいて、なんという融通無碍《ゆうずうむげ》かと一方では感心してしまう。根は悪い民族ではないと思うけれど、今もって主体性のない国民性だと思っている。

何故あの時日本がアメリカに対してウェルカムして、戦後民主主義を議論もせず受け入れたのか。何故、戦争の責任について検討もせずにうやむやにしてしまったのか、歴史的には大きなミスを日本はおかしてしまったと言わざるを得ない。

だからなのだろうか、平成三十年四月に亡くなったアニメの巨匠・高畑勲監督は、自作のアニメ映画『火垂《ほた》るの墓《はか》』を「これは反戦映画ではない」『火垂るの墓』なんか見ても、全然戦争を止められないんだよ」と言っていた。その理由として「戦争を始めたがる人は、『あんな悲惨なことにならないために軍備を増強しなければならない』と言うから」と、自嘲的な物言いをしていた。（二〇一八年五月一日毎日新聞夕刊特集ワイド『優しい世界目指した表現者』より）

なるほど同紙の昨年十一月の特集ワイドで取りあげていた詩人アーサー・ビナード氏の近著『知らなかった、ぼくらの戦争』（小学館二〇一七年）の中で、高畑氏はこのような趣旨のことを同氏に語っていた。

彼が中学二年の時（一九四九年）、クラスで「再軍備は是か非か」を議論する討論会があった。世間ではいわゆる「軍備戸締まり論」という概念が取りざたされていた頃だ。「外部からの侵入を防ぐためにはきちんと鍵をかけて戸締まりする必要があるように、日本にも戸締まり程度の軍備が必要だ」という考え方だ。高畑氏も「戸締まり必要」派だった。ところがクラスで一人、みんなから孤立しながら絶対に譲らない男がいた。「再軍備はしてはならない」といって、頑として譲らなかった。「日本憲法できちんと戦力の不保持をうたっているのに矛盾している。もう一度戦争を起こして、本当にそれでいいのかね」って。高畑氏は言う。「忘れられないですね。あとあとまで、あいつは偉かったなって思っています」

その後は、翌年に朝鮮戦争が始まるとアメリカの指令で「警察予備隊」をつくり、それが今の「自衛隊」になったのは歴史の示す通りである。その自衛隊が今や安倍首相の憲法改正提言で、憲法9条の自衛隊明記へとなし崩し的に繋がっている。強力な推進団体・日本会議は、3・11や熊本地震の活躍に「ありがとう自衛隊」キャンペーンをはり、「自衛隊が憲法に明記されていないために、世間から冷遇されているのはあまりにも理不尽、可哀相だという」論につなげている。現首相もそれに乗っかっている。

この日本の論理のなさは、なんなのだ。高畑氏の正直な反省のように、流れに「乗っていく」民族性はいかんともしがたいとはいえ、「してはいけないことは絶対やらない」と肝に銘ずるべきなのだ。

改憲論議について

ここからは現在の日本という国に対する疑問を書く。特に強い権力を握った政治家連中や執行権限を持った曲学阿世の国の官僚たちは、ひとたび自分より強い者に睨まれると、なんら主張も抗弁も抵抗もできず、諂《へつら》い忖度《そんたく》するザマは一体なんなのだろうか。

特に最近ではその病がさらに悪化し続けている。欧米に比べて「たいした見識もない矮小な指導者」のもとに、権力機構が形成されるのがこの国なのだ。経済政策がちょっとひと息ついたというくらいで、「特定秘密保護法」といった戦前の秘密国家体制、例えば特高警察組織なども招き寄せかねない戦時体制に衣変えする早業を今の自民党政権はする。

しかも平成二十七年（二〇一五）九月十九日の安保法成立によって集団的自衛権が付与されたことによって、自衛隊は地震、津波、台風などの災害救助で活躍する頼もしい存在から、それまでの自衛隊とは全く別物になってしまいかねないものとなった。集団的自衛権とは、日本が攻められていなくても同盟関係にある米国が他国に攻められれば、米国のために自衛隊を差し出すことなのだ。こんなに国の命運を左右することに対して、例え多くの国民が否といっても聞く耳を持とうとしないし、傾けようともしなかった首相や、これがどんなに恐ろしい法律か想像すらできない輩たちによってだ。「日本を国民の手に取り戻そう」などと聞いた風なことを言っているが、所詮日本は国民のものでなく、国家のためのものだということは見え見えだ。

戦後七十年余を戦争阻止の大役を果たしてきた平和憲法を、さしたる歴史認識もなく、かつたいした見識や良識もない保守政治家や一握りのその取りまき連によって、変てこな拡大解釈をして戦争遂行状態に実質的に憲法を変えてしまいかねないことに、あの時以来の最大の怒りを感じている昨今だ。

日本国憲法「第9条」という世界でも稀でかつ崇高な精神の宝物を日本人は得たのだから、絶対手放してはいけないということだ。それに昭和三十年代までに起こった改正論議も、国民が現在の平和憲法を広く是認して、論議を収めたことは政治的な事実であろう。これをもって現憲法は日本人の真の憲法になったのだ。それをして今になって「押しつけられた憲法」という物言い自体がウソなのだ。それにわれわれ国民は七十年間余、この憲法のお陰によって戦闘行為で他国民を一人も殺さなかったし、殺されもしなかった(?)。だからアメリカに一方的に押しつけられた憲法なのだから、ケジメとして変えるべきと言った論には私は組しない。ケジメをつける必要は絶対にない。「ケジメをつけないことが、アジア諸国を侵略しアメリカと闘った敗戦国日本のケジメなのだ」とつくづく思う。

そもそも憲法改正とは、十年も二十年もかけて国民の大いなる納得の上で変えるべきであり、あわてて政治決着などですべきではないはずだ。

9条は世界の宝

あの戦争が終わって七十年余が過ぎ、戦後日本の憲法は平和主義をかかげて戦争をしない国として、平和愛好国として国際的にも認められてきた。現在戦火に苦しんでいる国を初め、多くの国から「9条は奇跡的な神からの賜」として尊ばれている。

例えば西アフリカ沖のスペイン領カナリア諸島、この諸島はモロッコの西に浮かぶ七つの島からなるリゾート地だが、その一つグランカナリア島に二〇〇六年末に碑が掲げられた。幹線道路沿いに「ヒロシマ・ナガサキ広場」と名付けられた広場があり、畳一枚程の大きさの白いタイルの碑に青い文字でスペイン語に訳された憲法9条の条文が書かれている。平成八年(一九九六)に空港と市街地を結ぶ高速道路の設計のおり空き地ができ、市長が議会に提案して、全会一致で設置が決まったのだ。なお9条の碑はトルコにもあるそうだ。日本では9条を改憲しようという首相がいるが、世界には9条を奇跡と感じ、欲している人々がたくさんいるのだ。

それなのに、ここ数年の間に「戦後レジームからの脱却」とか、わけのわからないことをいう首相によって憲法は空洞化されかねない異常な事態にたち至っている。第二次大戦中、あれだけ国内外に悪さをした国が、またゾロ悪さのできる国になろうとしている。私たちは「いつか来た道」を再びたどっているのだろうか。まさに「遥かなり　昭和二十年三月十日」だ。

八十歳を迎え、こんな感慨を抱かずにはいられない。

例え近い将来、アメリカが日本の基地から軍隊を引き上げるということになった場合のためにも、軍備で対抗するのではなく「文化」と「外交」の力で、諸外国と対等に付き合うべきなのだ。遅きに失する感無きにしも非《あら》ずだが、そろそろこのことに本腰をいれるべきなのだと私は思う。

さらに言えば国の規模こそ違うが、中米のコスタリカは一九四九年に憲法で常備軍の放棄をかかげていた（この本の最後の「終わりに」で再度取り上げている）。一九八〇年代にはニカラグア、グアテマラなどが内戦を続け、かの国の安全保障環境は極端に悪化し、戦争に巻き込まれる恐れがあった時、どちらも敵に回したくないコスタリカは「積極的永世非武装中立宣言」をおこない難局を乗り切った。かつては国家予算の三割を占めていた軍事費を国民の教育へと回したことで、中米の教育国家となり、周辺国に対話の重要性を訴え「平和の輸出」を行い、エルサルバドルなど三国の紛争を終結に導くことになった。その貢献によって八七年には当時のアリアス大統領がノーベル平和賞を受賞している。

映画『コスタリカの奇跡』のポスター

コスタリカ研究家の足立力也『丸腰国家─軍隊を放棄したコスタリカ　60年の平和戦略─』（扶桑社新書二〇〇九年）によると、「非武装こそ最大の防衛力」「軍隊がないことが最大の防衛力」と市民は言い切っているという。現実的にはもろもろの社会不安や腐敗があったにしても、「そもそも攻められるということを想定すること自体が非現実的」「軍隊がないということが、自由であるということ」など、軍隊を持たないことが国民の生活（信条）にまでなっていることが紹介されている。パナマも軍隊を持っていない。

これが本当の「積極的平和主義」なのだろう。「世界には奇跡と感じ、9条を欲している」人々がたくさんいることをわれわれは知るべきだ。

戦争文学

『生きてゐる兵隊』

「平尾は銃剣をもって女の胸のあたりを三たび突き貫いた。他の兵も各々短剣をもって頭といわず腹といわず突きまくった。ほとんど十秒と女性は生きていなかった」

これは第一回の芥川賞受賞者・石川達三（一九〇五〜八五）が昭和十三年（一九三八）に、日中戦争に従軍して書いた小説『生きてゐる兵隊』で、日本兵が中国人女性を殺害する場面だ。

私がこの小説を再読しようと思いたったのは、一昨年に行われた所属する日本ペンクラブの座談会でこの小説が取り上げられたからだ。はるか昔読んだ時には、この残酷なシーンはほんの序の口で、全編にわたって日本兵の残虐ぶりが描かれており、特に片山某という従軍僧が読経などそっちのけで、左手に数珠をかけ右手にシャベルを持って武器なき中国兵士や農民、一般人の中に飛び込みたたき殺して歩くさまに圧倒され、途中で読むことを放棄したからだ。

この小説は月刊誌「中央公論」の同年三月号に発表されたが、四分の一が伏せ字になっていた。資料によるとこんなふうだった。

「平尾は……あたりを……。他の兵も各々……まくった。ほとんど十秒と……」

この中央公論三月号は即日発禁処分になり、店頭にあった雑誌は警察によって押収。石川達三は編集者とともに言論統制である「新聞紙法違反」に問われ、禁固四ヶ月、執行猶予三年の判決を受けている。理由は「皇軍（日本軍）兵士の非戦闘員殺戮《さつりく》を記述したる安寧秩序を紊乱《びんらん》する事項」を執筆したためである。

ただし石川は格別に反戦作家ではなかった。従軍した以上は正確に日本兵が行った行為を見、かつ兵士から聞き取った事実を書こうとしたまでだったようだ。戦後、読売新聞に掲載された石川への興味深いインタビュー記事（昭和二十一年五月九日号）を発見したので記しておこう。

見出し　裁かれる残虐「南京事件」

リード　東京裁判の起訴状2項「殺人の罪」において国際検事団は南京事件をとりあげて日本軍の残虐行為を突いている。略奪、暴行、殴殺―昭和十二年十二月十七日、松井石根司令官が入城したとき、なんとこの首都の血なまぐさかったことよ。このころ南京攻略戦に従軍した作家石川達三氏はこのむごたらしいありさまを見て、〝日本人はもっと反省しなければならぬ〟ことを痛感し、そのありのままに筆にした。昭和十三年三月号に掲載された小説『生きてゐる兵隊』だ。(中略)いま国際裁判公判をまへに「南京事件」の持つ意味は大きく軍国主義教育にぬりかためられていた日本人への大きな反省がもとめられねばならぬ。石川氏に当時の思い出を語ってもらう。

中見出し　河中への死の行進、首を切って突き落とす

本文　(本文は石川達三の回想が占めている)

……こうして女をはづかしめ、殺害し、民家のものを略奪し等々の暴行はいたるところでおこなはれた。入城式におくれて正月私が南京へ着いた時、街中は屍累々大変なものだった。大きな建物へ一般の中国人数千人をおしこめて床へ手榴弾《しゆりゆだん》をおき、油を流し火をつけ焦熱地獄の

中で悶死《もんし》させた。

また武器解除した捕虜を練兵場へあつめて機銃の一斉射撃で葬った。しまいには弾丸を使うのがもったいないとあって、揚子江へ長い桟橋を作り、河中へ行くほど低くなるようにしておいて、この上へ中国人を行列させ、先頭から順々に日本刀で首を切って河中へつきおとしたり、逃げ口をふさがれた黒山のような捕虜が戸板や机へつかまって川を流れて行くのを、下流で待ちかまえてた駆逐艦が機銃のいっせい掃射で片っぱしから殺害した。

（中略）

ただしこれらの虐殺や暴行を松井司令官が知っていたかどうかは知らぬ。「一般住民でも抵抗するものは容赦なく殺してもよい」という命令が首脳部からきたという話を聞いたことがあるが、それが師団長からきたものか部隊長からきたものかそれを知らなかった。いずれにせよ南京の大虐殺というのは実にむごたらしいものだった。私たちの同胞によってこのことが行われたことをよく反省し、その根絶のためにこんどの裁判を意義あらしめたいと思う。


ＧＨＱの検閲体制が解かれる昭和二十四年、石川は毎日新聞で連載小説『風にそよぐ葦《あし》』を執筆した。戦時最大の言論弾圧とされた「横浜事件」の経緯や拷問の実態を描いたものだった。その後、石川は昭和五十年に日本ペンクラブの会長をつとめ、生涯言論の自由に向きあった。

戦争を知らない世代が圧倒的に多くなった現在、またもや「時代の空気」で言論が徐々に萎縮しつつある。だからこそ石川達三の存在を再発見し、彼の小説『生きてゐる兵隊』、『風にそよぐ葦』を読むべきだと、私は切に思う。

『火垂《ほた》るの墓』

「横になって人形を抱き、うとうとと寝入る節子をながめ、指切って血イのましたらどないや、いや指一本くらいならのうてもかまへん、指の肉食べさしたろうか」

これは昭和二十年六月五日の神戸空襲の時、母を失い、その後遠縁の未亡人からも邪険にされ、横穴で生活を余儀なくされた兄と妹の物語『火垂るの墓』の一節だ。栄養失調から生死をさまよい出した妹に、兄としてぎりぎりのところで言い放った一言だ。野坂昭如（一九三〇〜二〇一五）の作品である。

小品であるが、作品は要約するとこのように展開されている。

昭和二十年九月二十一日、三宮駅構内で戦災孤児の清太が死んだ。腹巻きの中にあったドロップの缶を駅員が暗がりに投げると、中から八月二十二日、四歳で死んだ妹・節子の白い骨がこぼれ、蛍がおどろいて飛び交った。

六月五日の神戸空襲の時中学三年の清太は、義父を失い病身の義母を町内の防空壕へ避難させ、節子を背負って逃げた。義母は重傷で夕方死んだ。清太は節子をつれて西宮の遠縁の家に身を寄せたが、その家の未亡人は二人を厄介ものあつかいにし、ことごく厭味《いやみ》を言った。食べ物のことでも二人を差別しいざこざがたえず、ついに彼等はその家を出て、近くの横穴に住むことになる。夜は蛍をつかまえて蚊帳の中に入れて寝たが節子はしだいに衰えていった。少しでも節子に食べさせようと清太は畑荒しをしたり、空襲のどさくさに人の家に忍び込んで米とかえるため着物を盗んだりした。腹がへると二人しておいしい食べ物を思い出して語り合ったりもした。衰弱しきってうとうとと眠っている妹を見ると、冒頭の文章のように「指切って血イのましたらどないや、いや指一本くらいならのうてもかまへん、指の肉食べさしたろうか」とさえ思うのだった。

八月二十二日昼、節子は死んだ。火葬場が満員なので、清太は穴をほって自分の手で妹を焼いた。夜更けに火が燃え尽きると、周囲はおびただしい蛍のむれで、これやったら節子はさびしいないやろと清太は思った。三宮駅構内で野垂れ死にした清太の骨は、無縁仏として納骨堂におさめられた。

大阪弁の長所を利用して縦横無尽に冗舌にしゃべりまくり、それでいて無駄がなく、裸の現実を襞《ひだ》深くつっこんで、むごたらしいものやいやらしいものから目をそむけていない見事な作品といえる。この作品で野坂昭如は昭和四十二年下期の直木賞を受賞した。

野坂自身は昭和五年に鎌倉市に誕生するも、翌年神戸の張満谷家の養子になり裕福な家庭に育つが、二十年六月五日の神戸空襲で養父を失い、養母も全身大火傷《やけど》をおい、妹とともに孤児同様の生活を送った。その実体験をもとに書かれたのが、この作品であった。

晩年のエッセイ『七転び八起き』（毎日新聞連載）では現下の政治を憂い、世のなりゆきを憂い、戦後の人間の思いやりのなさを嘆いたりしていたが、何といっても空襲の無い日々のうれしさを語っていた。さらに妹を餓死させた時、小説のように優しい兄ではなかったことを恥じて、それを新聞で正直に白状していた。

『赤ちゃんと母の火の夜』

「もしもし、あのう、そちらは東京大空襲を記録する会のかたですね」

「はい、そうです」

「うちの近所に大空襲直前の三月九日に、赤ちゃんを産んだ人がいますけれど、上のお子さんたちはみんな亡くなったとか。そんな話、聞いていただけるならといっています」

で始まる『赤ちゃんと母の火の夜』（早乙女勝元作、タミヒロコ絵、新日本出版局二〇一八年）が刊行された。

その電話が作家であり、東京大空襲・戦災資料センター館長の早乙女勝元氏（一九三二〜）にかかってきたのが昭和四十五年。戦争が終わってから二十五年目の冬のことだった。彼はその頃三十代、東京大空襲のことが新聞やテレビに報じられる機会がめったになくなり、このままでは一夜にして多数の命が失われた「火の夜」もなかったことになりかねない、と不安にかられて悩んでいた頃のことらしい。

この聞き書きそのものは、既に刊行されている同氏の新書版『東京大空襲―昭和20年3月10日の記録―』（岩波書店一九七一年）に東部軍管区情報の詳細な記録に基づき、その夜の状況のことなども詳しく紹介されている。話の流れはこのようなものだ。本所区（現在の墨田区）立川四丁目の武者みよさんの十三人目の末っ子が九日、夜の十一時に相生病院（現在の相生産婦人科医院）で誕生したのだ。ホッとしたのもつかの間、十日に日付が変わったとたんに爆音とともに現れたB29から焼夷弾が雨あられと降りそそぎ、猛突風にあおられ火の粉と煙が激流のように押し寄せ、病院そのものが火の大波にのまれかねない状況。江口院長は入院患者十五名とともに避難を開始し、母子をタンカに乗せて猛火と渦巻く煙の中を五時間近く動き回り、最後に行き着いたのは両国駅のガード下だった。逃げ惑う人の波に押しつぶされないように山田婦長はじめ看護婦さんたちがピケをはり、最後は駅に近い二階建てのアパートに行き着いて逃避行が終了し、母子ともに助かったということだった。

だが、この「美談」はこれでは終わらなかった。ご主人と十二人の子どもたち、それに夫の両親等の十五人の家族の姿はその夜、忽然《こつぜん》として永遠に消えてしまったのだ。たぶん家族全員は墨田区立川四丁目の避難所の菊川小学校に待避したのであろう。三月十日の早朝、そこは正面から一歩入ったとたんに、折り重なる死体の山。もの凄かったのは講堂で、何層もの黒焦げの死体が天井までとどかんばかりに盛り上がっていたようだ。つまり火に追われた人たちが入り口になだれ込み、悪いことに鉄扉が内開きだったために、扉を開けるゆとりもなく殺到した人々が折り重なって、異様な死体の山を築いてしまったのだ。

武者さんの長男は海軍兵学校の試験に不合格のため当日は家におり、次女は勤労動員の工場の夜勤がたまたまなかったので家に、四女は学童疎開から進学のために帰宅していたためにと、幾重のたまたまが重なって一人も残らず消えてしまったのだ。このいたましい悲劇を何という言葉で表現しよう。

作者の早乙女氏は言う。中学生になった自分の孫がこの話を読んでくれたら、戦争というものに関心を向けてくれるかもしれない。武者さん家族も少しはうかばれるに違いないと思いつつペンを進めたとのこと。戦後も七十四年。今や空襲体験者も高齢者になり、人生の残り時間もわずかになっている。東京大空襲による民間人の惨禍を知ることは、同じ時代をくり返さないという決意にもつながることだろう。なお絵は早乙女氏の次男の早乙女民氏とその奥様の紘子さんである。

まさに戦争の実態を伝えてくれる本が、昨年の平成三十年に絵本として甦ったことは特記すべきことである。

第二章　戦争と古都

五十年間のサラリーマン生活を終えて、平成二十七年の一年間を京都で暮らし、平成二十八、九年の二年間は金沢に通った。戦災にほとんど遭わなかったこの二つの古都も、歴史的には戦争・戦闘の連続であり、かつ今次の戦争の残滓が数多く残っていた。もう一つの古都有情というべきであろうか。

〔人〕京都　千玄室

一撃より一碗

特攻の出撃を直前にして終戦を迎えた若き千玄室は、仲間の死にわき上がる怒りを感じて京都に帰って来た。その時目にしたのは、進駐軍が実家の裏千家の茶室に日本の文化を知ろうと訪れている光景だった。英語のできる父親が指導していた。

憎っくきアメリカの将兵が不慣れな正座をしながら、「いかがですか」「お先に」と勧め合っていた。全くの衝撃だった。戦争に勝ったか負けたか関係ない。お茶を前に、区別や差別はない。

「これが文化の力か」

「文化は平和なんだ」

「たった一碗のお茶は強い、武器よりも強い」

と思ったという。

占領下の昭和二十六年、アメリカの関係部署の招きと、大学で学ぶために渡米。以後、世界七十数ヶ国で茶道の精神を紹介してきた。

「相手に心を開くことが大事なのです。心を開けば人類は一つです、でもまだまだ世界には飢餓や紛争に苦しむ人が大勢いる。冷たい海の底に沈んでいる仲間も、まだ悲しい気持ちのままでしょう」

その後で氏はこうも訴えていた。

「日本のみなさんにもっと世界を見てほしい。平和のために行動する人が増えてほしい。まだまだ世界で伝えたいことがある。もうちょっと生かさせていただこうかなと思います」

日本ペンクラブ京都大会で語る千玄室氏
（平成二十七年十月）

大正十二年生まれの氏はとっくに九十歳を超えているが、その情熱の火は未だ燃えさかっている。そういえば私が平成二十三年の東日本大震災で福島原発事故の発生を見た翌年の九月、ウクライナのチェルノブイリに訪問した時、たまたまキエフに彼が来ておられ、茶の指導をしていた。氏は平成十七年に家元を譲り、日本・国連親善大使になり、平成二十四年からはユネスコ親善大使として活躍中である。

「型」で止まらず「形」にまで発展させる

ここで氏の京都の文化観にふれてみよう。彼はかねがね京都は山紫水明だけではだめだと主張していた。京都は山紫水明と同時に、文化あふれる古都有情でなければならないのだ。鴨川が悠々と流れ、東山が美しい姿を見せる、それだけで満足しているのでは困る。その中から何かが生まれ出なければいけない。経済力が弱い京都には庶民というか町衆の力がある。古きを守り同時に新しきを生み出す、これを常時やっていかなければいけないのだ。それには京都の伝統文化を大事にしてこそ、初めて若い人たちも自然に引っ張っていくことができるのだ。

この話は戦後、昭和時代の京都が少々疲弊していた頃の彼の主張である。どうやって京都を勢いのあるいきいきとした都市にできるか、彼は懸命に模索して実践し活動を続けていた。だから次にあげるこんな話で、彼は周辺の人々を必死になって覚醒させてきたのだ。少々理にすぎている感はあるが、説得力のある話なので紹介する。

――間違えてはいけないことだが、「型」と「形」を峻別《しゅんべつ》することだ。「型」は姿を意味し目に見えるものだ。茶道や能、舞踊なども目に見える姿である。しかし道を追求するには「型」で止まっていたのではだめだ。「形」まで発展しなければいけない。では「形」とは何か。「型《かた》」に血を入れると「形《かたち》」になる。ルール通りにやると、表面上の「型」においては同じである。誰の点前もそんなに違わない。しかし「形」になると、私の点前とあなたの点前は違ってくる。ということは同じ点前でも、そこに血（霊を意味する）の入れ方、そこに没入する度合、深度で違うことになる。そこでプロとアマチュアの差が生じてくるのだ。血が入れば「形《かたち》」になり「相《すがた》」をなすのだ。

脈々と流れる伝統文化の流れ

このようにして心が入れば例えば茶の湯では、主と客が一緒になって「一座建立」を形成することができるのだ。他の伝統文化もしかりである。

この氏の言葉が京都にいた時、いつも気になってわたしの脳裏に甦ってきていた。そこではっと気がついた。立命館大学乾ゼミ本能班のまちづくりセミナーで、昭和三十六年生まれで大西家十六代を襲名した釜師・大西清右衛門の話を聞いていた時、氏が述べた言葉で納得した。

「釜師は誰でも経験を積めばある一定の型はできます。でもそれではいい作品にはなりません。だめなのです。釜師の仕事は実は失敗の連続なのです。先人の釜を観察して失敗に失敗をかさね、その失敗から糸口が見つかります。自分の血肉をぶちこんでこそ初めて満足のいく形の釜ができるのです。過去の歴史から自分なりの新しい技法も出てくるのです。

祖先が残してくれた茶釜の歴史文化を次代に伝えるためにも、私はできるだけ困難なものに挑戦していきたいと考えています」

千玄室がかつてまいた種が若い世代に引き継がれ出していること、その結果京都の伝統文化が今や多方面で活況を呈し出したことは、本当に素晴らしいことだ。最近では「伝統文化こそ未来につなぐ」と、氏は講演の中で語っている。そういったことがらが文化庁の京都招聘《しょうへい》にまでつながったのではないか。それも「一撃より一碗」を終戦直後に気づいた、氏の身命をかけてくぐり抜けてきた感性の賜《たまもの》、歴史の必然だったのかもしれない。京都には昔からすごい人が忽然《こつぜん》と現れる。それらを生み出すのも、この京都という都市の持つ力なのであろうか。

〔紀行〕京都　峰定寺

古老から預かったある戦争秘話

京都出町柳のバス停から乗車し鞍馬山を回り込んで山に登ること一時間半、京都市左京区大悲山口にある峰定寺は、およそ今から八五〇年前に熊野の修験者によって創建された修験道の寺である。大悲山の周辺は古くから「鞍馬の奥」と称せられ、落人《おちうど》たちの隠れ里でもあった。

京都市左京区の峰定寺に向かう石段

治承元年（一一七七）の鹿ヶ谷の陰謀によって俊寛僧都が鬼界ヶ島に流された後、病没した妻子の霊をとむらうための供養塔があり、平家物語や源平盛衰記などにもその名をとどめている寺だ。本堂は五間四面の四柱屋根柿葺《こけらぶ》きで舞台懸崖《けんがい》造になっている。これは清水寺の懸崖造のモデルにもなったという貴重な建物である。バス停大悲山口で下車して歩くこと三十分で山門にたどりつく。

　本堂をお参りして、境内の高野槇を見て、ゆっくりと帰りのバスを待つために、その地にある軽食喫茶に入った時のことである。すると九十過ぎの古老が先に座をしめていて、自然に話あうことになった。その老人は私に「戦争のことを覚えているか」と言うので、東京下町の昭和二十年三月十日の空襲で一命をとり取りとめた話をしたら、一冊の文集を私に渡し、「それを家に帰ってから読んでいつまでも忘れないで、次の世代に伝えて欲しい」ということだった。ここに十数篇の文章の一つをかいつまんで紹介し、その古老の思いを伝える責を果たしたいと思う。

　私は昭和十七年に高等尋常小学校を卒業し、担任の先生から薦められて満州電信電話株式会社のハルピン中央電報局で働きました。十九歳で徴兵検査を受けて入隊し、関東軍通信隊に入りました。

戦局は日一日と悪くなり、敗戦前日には奉天に派遣されることになり、十五日明け方に列車急停車したまま何時間かが経《た》ちました。待つうちに引率者から敗戦が告げられました。「これからどうなるんだ」という不安の半面、「ほっとした」という面もありました。が、それからが大変でした。次の日、二百五十キロ先の牡丹江に行くことを告げられ、徒歩で向かいました。

行く先々の道端には軍洋服のままの日本兵や馬の死骸がそこここに横たわっていて、腐臭を放っていました。牡丹江に私たちを集めたのは、中国で留用するためのもので、そこから奥地・東安に連れて行かれました。そこで兵舎の取り壊し作業につき、五年間働き、これで日本に帰れると思っていたのですが、昭和二十五年六月二十五日に朝鮮戦争が勃発、奥地の阿城の日本人収容所に移動させられ、そこの補修工事や製材所の仕事に従事しました。

昭和二十八年五月、いよいよ帰国の日が訪れようとしていたが、もう少し中国建設に協力してほしいと要請されました。戦後長い期間中国人や朝鮮人に接して、かれらの苦しみや思いやりがわかっていただけに断り切れず、松花江の近くに移りました。そして昭和三十三年五月に、私は残留人最後の集団帰国でやっと帰国を果たし、古里に戻ることができました。満州に渡ってから十六年、敗戦から十三年という月日が経っていました。

帰国してみると共産主義の中国からの引揚者ということで、こんどは思いもよらず駐在所の巡査から三年間見張られました。住所を変えれば変えたで、そこまで来たからと巡査がやって来て聞き取りをするという徹底ぶりです。電報局に復職したかったのですが、復員期限の昭和二十三年をとうに過ぎていましたので、私の名前は名簿から抹殺されていて叶《かな》いませんでした。そんなこんなで公共機関の仕事に就くことができませんでした。帰国した時には父母はすでに亡くなり、浦島太郎の心境でした。あの無残な戦争によってもたらされた戦時下と、帰国後の思い出すのも厭《いや》な体験は、私の中で死ぬまで尾を引くでしょう。

〔紀行〕京都　志明院

安倍政権で本当にいいんですか？

京都市北区雲ケ畑にある岩屋山志明院を訪れた。

京都を貫流する千古の清流・鴨川の水源であり、広大な森林に覆われた飛龍の滝等の霊場は古くから有名な処だ。役行者《えんのぎょうしゃ》が創建した寺である。京都市内中心から北へ十五キロの雲ケ畑は、かつて学生時代には確かバスで訪れた記憶があるが、今は過疎の地だからか出町柳付近からの乗り合いタクシーしか通っていない。それも一日二往復だけだ。その日の朝一番の乗客は私一人だった。山深く入り、終点で降りて山道を進むこと二十分、ようやく山門にたどり着く。

参拝者が一人もいない境内であったが、幸いにご住職が落ち葉をかき集めていた。そこから二人の会話がはずんだのだが、帰りしなご自身が記した「司馬さんと志明院」という文章が掲載されている冊子を紹介してくれた。その冊子には昭和二十四、五年に司馬遼太郎がまだ無名の頃、この寺に滞在したことが記されていた。司馬は幼い頃の住職に、「学校まで遠いのにえらいな」と声をかけてくれたそうだ。彼はまだまだ若い優しいお兄ちゃんという感じだった。その時の志明院での体験談を司馬はさまざまなところで書き、それが現在にいたるまで語り継がれている。それは「物のけの世界」であり、「山籠もりしている時、夜になると部屋の障子やふすまを叩く音、屋根の上で四股を踏む音がして、外に出てみても何事もない。また修行中の行者が九字を切ると龍火が浮かび上がってきた」というものだ。ご住職は、自然界には人間の頭脳では計り知れない、犯してはならない聖域があるという人間界への戒めのメッセージであり、自然崇拝へのアプローチのようだと思うと記していた。

空海は釈迦仏教と違う世界観を生んでいる。真言密教は人間崇拝から自然崇拝への思想に変化させたといわれている。だから司馬は経済優先で、自然の破壊が究極のところに来かかっている当時を憂いて、多くの警鐘をならしていたのだ。

ところで帰りしな住職の奥様から「経済、経済と言いつのり、日本を戦争に誘導するような今の安倍政権で本当にいいんですか?」と突然、単刀直入に言われたことには吃驚した。

人里から遠く離れ訪れる人も少ない清浄な山の森の中での、そのひと言は胸にこたえた。のんべんだらりと過ごしていた私は、いわゆる喝《かつ》を入れられたのだ。だから帰りの乗り合いタクシーの出発時間を待たずに、十五、六キロ離れた市中のマンスリーマンションまで、ひたすら興奮して駆け下りたのである。

〔人〕金沢　桐生悠々　戦前社会の木鐸《ぼくたく》

関東防空大演習を嗤《わら》う

金沢が生んだ反骨の人、しかも数少ない抵抗のジャーナリストだ。社会の木鐸（世の中に警告を発する人）として名があがる桐生悠々は、『信濃毎日新聞』や『新愛知新聞』（後に名古屋新聞と統合して中日新聞）と、金沢でなく外で活躍した。

彼の名を挙げたのに、信濃毎日新聞勤務時に主筆として社説で書いた二つの筆禍がある。最初の信濃毎日新聞勤務時の「陋習打破論─乃木将軍の殉死」（大正元年）と二度目の勤務時に書いた「関東防空大演習を嗤う」（昭和八年）の二つである。ここで取り上げるのは後者の「関東防空大演習を嗤う」で、軍部がおこなった大規模の防空演習に対して、彼はあざけり嗤ったのだ。

満州事変（昭和六年）や五・一五事件（昭和七年）などの軍部の傲慢《ごうまん》・横暴に対して桐生は黙っていられなかった。

将来もし敵機を帝都の空に迎えて、撃つようなことがあったならば、それこそ、人心阻《そ》喪《そう》の結果、われらは敵に対して和を求めることを余儀なくされる。この時わが機の総動員によって敵機を射落すことは不可能だ。その中の二、三機は、当然ながら攻撃を免れて、帝都の上空に来て爆弾を投下することだろう。これにより木造家屋の多い東京市は一挙に焼土になる。逃げ惑う市民のろうばいが目に見えるようだ。投下された爆弾が火災を起こし、阿鼻叫喚の一大修羅場を演じる。だから敵機を関東の空に迎え撃つということは、わが軍の敗北そのものである。わが機は途中これを迎え撃って、これを射落すかこれを撃退しなければならぬのだ。また、夜襲であるならば消灯してこれに備うるごときは噴飯ものだ。科学の進歩で赤外線を利用すればいかに暗いところでも、所在地を知りうるがために、撃破することは容易であろう。

彼は「架空の演習なんて役立たない」と論理的に述べたのだが、たちまち軍部を始め関係筋からの攻撃、非難、脅しの集中砲火を浴びて、退社に追い込まれていった。が、なんと十二年後の昭和二十年三月十日の東京下町の真夜中の大空襲は、まさに彼の指摘の通りになり、多くの死者を出した。夜襲についてもその通りになった。桐生悠々の研ぎ澄まされた知性の力であるというべきだろう。

桐生悠々の反抗・苦難の人生

明治六年、彼は金沢の士族・桐生廉平の三男に生まれ、石川県立専門学校に入学。学制改革により旧制第四高等学校で二つ歳上の徳田秋声と同級生になり、親交を結ぶ。徳田秋声といえば泉鏡花、室生犀星とともに金沢の三大文豪の一人で、明治四十一年に『新世帯《あらじょたい》』発表後、地味な作風のうちに自然主義作家の代表者となった人物だ。田山花袋、島崎藤村らに比べ、より深く自然主義に徹したといわれている。希望のない男女の交渉、暗い庶民の生活をありのままに克明な文体で描写したともいわれていた。代表作は『あらくれ』『黴』『縮図』。

明治二十五年に四高を中退した桐生は、徳田と上京し尾崎紅葉宅を訪問するも、書生・泉鏡花に門前払いを喰《く》らう。秋声と別れ翌年四高に復学し、小説、俳句、随筆等を執筆するが、内田魯庵の忠告により小説の筆を絶つ。ただし秋声とは死ぬまで交友し、文学者としての大成を願い友情を感じ続けていた。その後、東京府庁、東京火災保険を経て博文館に入社したが、思うところあり退社して東大法科大学（現東大法学部）に入学。

卒業後、穂積陳重教授の勧めもあり、明治三十五年に下野新聞で主筆としてジャーナリストの道を歩む。主筆とは、新聞社、雑誌社などで記者の首位にあって主要な記事や論説などを担当するもので、現在ではこの言葉は使われることはない。わかりやすくいえば主筆とは交響楽団の指揮者のごとく、そのタクトによって紙面の隅々まで主筆の呼吸が吹き込まれると考えていい。

その後、桐生は明治四十三年信濃毎日新聞の主筆になり、明解な切り口の文章と迅速な報道によって新聞社の売り上げに大いに貢献した。が、そこで乃木将軍の殉死批判を書き、いわゆる筆禍となり大正三年、信濃毎日を去る。

それから十年間は名古屋の新愛知新聞に入り主筆として腕を振るう。その間の大正七年には富山県魚津の漁村の主婦たちから巻き起こった米騒動に対して、報道に圧力をかけた時の寺内内閣を辞職にまで追い込んだ社説「新聞紙の食料攻め——起《た》てよ全国の新聞紙！」がある。これなどは、もしこの当時「ピューリッツァー賞」があったたらならば、東洋の片隅の新愛知という新聞に載ったこの記事に、与えられてしかるべきであったろう。

桐生は「言わねばならないこと」が権力によって禁圧されたり、無視された時に敏感に反応し、抵抗する論説記者であったといえる。なお大正十二年末、社内改革に失敗して十年勤めた新愛知を退社している。昭和三年から再び信濃毎日の主筆に返り咲いたが、先の「関東防空大演習を嗤う」の筆禍により、昭和八年に退社に追い込まれたことは先に記した通りである。

昭和九年からは再び名古屋に戻り、個人雑誌『他山の石』を発行し、発禁、削除など官憲の弾圧にあうも敢然として反戦反軍の主張を続け、昭和十六年九月喉頭ガンにより六十九歳の生涯を閉じている。

『他山の石』で伝えたもの

桐生悠々は三十余年の新聞記者生活に終止符をうち、名古屋の守山の自宅に戻った。六十歳である。この地で、個人雑誌『他山の石』を舞台に軍部に対して敢然と戦いを挑んだ。

旧金沢藩士・藤江成三郎の長女・寿々を妻にし、六男五女の大家族を率いながら、自分が言わねばならないことを言うには、組織に入っていてはダメ、独力をもってしかなく、そのためには自分の雑誌を出すこと、という桐生はもう後のない背水の陣を敷くしかなかった。

『他山の石』では欧米諸国の先進的な思想を毎号で紹介しながら、時事問題に斬り込む切っ先は鋭かった。Ｂ５版で月二回発行、平均三十二頁、原稿枚数にして月に約百枚、三百〜四百五十人の会員制で、送付から会費徴収まで妻・寿々の全面的にわたる支援を頼んでの一大決戦である。

二・二六事件を批判し、「皇軍を私兵化して国民の同情を失った軍部」を書き、発禁。日中戦争には「日本は支那と戦えば負ける。いわゆる戦闘に勝っても戦争に負ける。今清算期だから支那から軍隊を引き揚げろ」、また近衛体制を批判し、大政翼賛会を徹底的に攻撃したために、文章は検閲でズタズタにされる。アメリカ断乎《だんこ》討つべしという風潮の中で、「戦端を開くのは無謀の極み」と言って発禁。これでは大家族十三人の生活の窮迫は目に見えようというものだった。その研ぎ澄まされた叡智で、おのが生命とおのが雑誌の生命が死に瀕《ひん》していることを予知できぬはずはなかっただろうが、最後の命の灯が消えるまで彼は闘い抜いた。

『他山の石』は昭和九年六月一日号から十六年八月二十日号まで、百七十六冊が発行された。最終号は桐生の死の二十日前であった。一般的に消極的な金沢人気質の中にあって、生きる情熱を持って反骨と抵抗の精神を貫き通した桐生悠々の存在は、金沢のみならず日本全体を見渡しても希有《けう》の存在というべきであろう。彼は『他山の石』の初期の紙面に西道仙が書いた「孤軍奮闘の大悪戦を続け（中略）我剣は折れ我馬は倒れている、かくして彼はあわれにも秋風屍を故郷の山に埋めるや否や」の言葉を愛した。また彼の句、「蟋蟀《こおろぎ》は鳴き続けたり嵐の夜」が私の脳裏にゆきかかっている。

〔紀行〕金沢　野の鳥は野に

鳥が友だち

金沢ふるさと館には多くの人が顕彰されている。近代科学の創始者として高峯譲吉、藤井健次郎、近代美の巨匠としては松田権六、哲学者としては西田幾多郎、鈴木大拙、ジャーナリストとしては三宅雪嶺、先の桐生悠々、三文豪の鏡花、秋声、犀星、それに自然を愛した人に中西悟堂などなど。

野鳥の会を立上げ、日本国中知らぬ者はないくらいの中西悟堂は、僧籍を持ち自然保護の全生涯をささげ、しかも歌人でもあったこともあり、謹厳実直な人と勝手に思い込んでいた。しかしこの度悟堂の本を読んでみたら印象が変わった。

悟堂（伯父の教育のもと天台宗から僧籍を与えられた時の名）が十才の時、伯父のすすめで秩父の山に修行にはいる。そこで鳥との出会いがあった。

——お寺で般若心経をならうわけです。それから座禅を教わる。足を組みながら片足をこっちの足にのっけて、肉がやわらかいからすぐ組めるわけですね。それで百八日座りきりなんです。その間にね、初夏になると蚊とかアブやブヨが出てきて、それがたかる。それをたたこうものなら和尚におこられる。「蚊だって血が欲しくて、いい食料が来たと思っているんだから、蚊に血の少しくらいご供養してどこが悪いんだ」「あれも生き物で、お前も生き物、お互い生き物なんだから少しくらい血を供養したらどうだ」。いわんや、ぴしゃんとはたこうものなら「殺生はいかん」とやられるわけですね。

――じいっと座って、蚊がたかっても虫がたかっても、ゲジゲジがたかっても我慢して無抵抗。その座っている間、動かないので、鳥が人間だと思わないんでしょう。肩にとまったり、膝にとまったりする。いかに修行中とはいえ子どもでも多少の欲はあるものですが、一切欲望を遮断していますから、そうすると膝にきたり肩にきたりする鳥たちが友だちなんですね。それで鳥というものは良いもんだと、山の中で鳥とすっかり懇意になってしまって、下山する時は鳥と別れることが本当に辛かったんですね。

――それと鳥の研究に入るきっかけになったのは雛を守るために親鳥が飛び出して、いかにも負傷しているかのように、足を引きずりながらヒョコヒョコと歩いて注意をそちらに向けて子を守ろうとする、あのチドリの親鳥の擬傷に感動したことです。

三年間は盲目

もっと彼のことを知ろうと思い、図書館で彼の自伝を借り出して読んでみると、この人の一生は面白くてたまらない。以下この凄い人生の一部分を紹介してみる。

祖父は加賀藩士で弓術指南、祖母も加賀藩の上席というから武士の家柄、明治二十八年の生まれ。父が生後間もなく死に、次いで母が失踪したことにより、東京赤坂霊南坂に屋敷があった父の兄に引き取られ、以降この伯父が養父になる。この養父は僧籍の名を悟玄というがなかなかの熱血漢で（なにせ板垣退助の自民党の志士として国事に奔走していた）、官憲に追われる身を上野東叡山寛永寺東漸院に仮寓し、例の日露講和条約を不服として起こった「電車焼討事件」時にそこを追われ、東京府下神代村深大寺（現東京都調布市）の末寺に身を隠すような人物だった。その伯父のすすめで先ほどの修行にあいなったのだ。

彼は病弱で四才まで歩くことができず、いざりで移動していたので背が低い。そんなことで修行をさせられたのであろうが、中学も遅れに遅れ中学三年ですでに十七才だったようだ。徐々に健康体になっていったようだが、自伝『かみなりさま　わが半世紀』から「品川お台場のめぐりあい」で大叔父に出会った章からかいつまんでみる。

――京橋の船宿でベカ船を借り、品川お台場に向かう。どこというあてもなかったが着いたのは七番まであるうちの六番砲台。舟着場には「陸軍司令部」とあるがかまわずに上船、当時の鉄道唱歌の第二節にある「窓より近く品川の　台場も見えて波白く　海のあなたにうすがすむ」の「ウス」という怪物を見たいための好奇心によって行ったのだった。「誰じゃ、貴様は」とあごの白ひげがふさふさの眼光するどく身長高く、ひどく逞しい老人が出てきて吼える。「ここに居るのはおじいさん一人かい？」「わし一人じゃ」「そんなら俺は走り回ってこの中を見る。おれの方が足が早い。見るだけ見たらさっさと帰る。心配するな」「ハッハッハ」と老爺のいかめしい表情が急に崩れて破顔一笑した。

――それからこの老爺と気が合い、名前を聞くと「中西勝男」と言う。それは祖父・中西綱之助の弟、つまり大叔父である事がわかる。ある国難事件の容疑者として逃げ回り、ある人の庇護のもと長い年月台場に隠れ住んでいたことが判明したのだ。それからは肉親同士の親しさから、何日も何日も時間を忘れ楽しい蜜月の離島生活をすることになる。そんな或る秋の名月の晩、爺は「こよいは舟で月見じゃ」と小舟を出す。芝浦寄りに舟をすすめ、「わしに続け」と言われ海に飛び込む。とたんに烈しい痛みを両眼におぼえたので舟に戻ったが、痛みで目があけられない。うろたえた爺は品川からいつも真水を届けに来てくれている漁師に話すと、それは海苔だったか牡蠣だったかのヒビ（養殖で胞子を付着させる海中の樹枝）にぶち当ったことがわかる。ただちに爺は陸に上がり「とにかく薬じゃ、たくさん買うてきたさかい、これを飲めばいつかは癒《なお》るじゃろう」「だんないだんない（金沢弁でかまわん）」という御せんたくだったが、薬を飲んでも一向に治る気配はない。それもそのはず爺が唯一知っていた大木五臓圓という薬は胃腸の薬であったのだ。

――さすがに爺もこの事態をうち捨てて置くわけにもいかず、悟堂の家を聞いて祖母（その頃養父も死に祖母と一緒に住んでいたもう一人の叔父の家に居候をしていた）の元に連れて行ってくれたが、祖母というのはこの爺の義理の姉でもあったので、突然三十数年生死不明の人物があらわれたので家族、眷属大騒ぎになる。一同、「もう罪も消えているので台場守など止めて戻れ」というのに、その声に耳をかさず一両日泊まったきりで、さっさと台場に戻ってしまう。そしてこの章の最後の文章がこれだ。

――爺の話は一応ここらでお預けにするが、それからあとの私が大変だった。というのはその後まる三年というもの、盲目のままであったから。

この章を閉じるのはかまわないが、半自伝もこの章で終っている。オイオイ、一体これって何なんだ。そんな終わり方ってないだろう。その後はどうなったんだと叫んだのは私。それから悟堂の一代記や評伝をいくつも読むはめになってしまった。

『野の鳥は野に』

読んだのは『人間の記録⑪中西悟堂』、小林照幸『野の鳥は野に　評伝・中西梧堂』、娘さんの小谷ハルノさんが書いた評伝『父、悟堂』などであった。彼の目はそれこそ三年くらいは見えたり見えなかったりで、天台宗学林（現大正大学）中学四年から曹洞宗学林（現駒澤大学）四年に編入しそこで三回やりよくなったと思ったら見えなくなったりで五年を二回もやって、中学卒業が二十二才くらいだったようだ。卒業後は愛媛県瑞応寺での禅堂生活、別子銅山の説教所を経て東京に戻り、詩作に打ち込み再び天台に復帰し、島根県長楽寺、松江市の普門院の住職になったが、僧門にあっても文学への情熱は消えず、ドストエフスキー、トルストイを熟読し、あげくの果てには二十八才でロシアに入国したが、関東大震災であわてて帰国し、それを期に寺を捨てて上京した。

小、中学時に神童と言われた異能の人だけあり、芸術の才も見るべきものがあり、句作に詩集に小説にと見事な花を開かせている。といっても書き下ろし長編小説『犠牲者』が手違いから出版を諦めることになり、その挫折からそういった文学面の生活より離れていったようだ。千歳烏山で木食生活に入り、その頃だろうか、野の鳥と一緒の生活をして毎朝ヨシゴイと散歩し、カラスと友だちになっていた。

——私の寝室は二階にあったのだが、毎朝カラスが上がって来て、ガアーガアー鳴くのでうるさくて起きる。そうすると後ろを振り返りながら先頭に立って階段を降りて行く。まり投げをしようてんだ。私が放るとカラスはくちばしでそれを止める、そしてまたまりを私が投げる……これはかつてラジオで私が聞いた話だ。

悟堂はカラスばかりかウ、ムクドリ、オナガ、チュウサギなどと仲間になり、これが世間から注目されて、見物者が相次ぐ。そういうことを通して彼は、「鳥たちを自然のまま守ることは、それらの住処である日本の山河を守ること」に考え方を熟成させていく。「とにかく日本の鳥は人が近づくと逃げる。これは鳥を獲って食べる習慣からきている。それを止めて鳥と人が敵で無い関係を作ることだ」と、彼はガンジーの非暴力の思想やタゴールの東洋的な哲学から学ぶことになる。

昭和九年に彼は「日本野鳥の会」を設立、会誌「野鳥」を発刊することになり、その活動が今や日本全国津々浦々に及んでいることはご承知の通りだ。「野鳥」「探鳥会」「バードウォッチング」といった言葉を生み出したのも彼だ。「まずは戦争のない平和な時代が来なければならない」と言って、戦後もそのたゆまぬ活動は続いた。そのため昭和三十四年には、叡山から権僧正待遇を授与されていた。

昭和四十三年に東京駅付近の八重洲ダイビルの竣工《しゅんこう》では屋上の三分の二の面積約二百六十坪に、屋上樹林を作ったのも悟堂のアドバイスによるものだ。「日本の自然は文字通り自ら然りで、山川草木の生命をそのまま肯定したものだ。この東洋の自然観が明治の西洋思想輸入でまったく破壊されてしまった。その西洋思想から自然を開放しよう、それがすなわち人間の解放につながる—これが私の野鳥運動を始めた動機だ」(「北國新聞」昭和四十三年三月二十四日)。晩年はもっぱら鍛錬のための座禅か素裸のマラソンで世間の注目を浴びもした。

本人は百才まで生きるかも知れないと話していたが、昭和五十九年八十九才でこの世を去った。自然人、自由人悟堂の面目躍如たるものがあった人生だった。

第三章　戦争と文学と映画

平成六年から縁あって他所から東京・神楽坂のまちづくり活動に精を出し、神楽坂ゆかりの文学者たちから多大な啓発を受けた。また金沢ではほとんど無名の川柳人を知る機会も得た。しかし海外では時空を超えた繋がりから、戦争や戦闘行為にまでも及んでいるという映画を見て、思わず身震いを止めることができなかった。

〔小説〕夏目漱石『こころ』

――黙っていることの罪悪感

六十数年前の中学生時に読んで心に残った小説に、漱石の『こころ』（大正三年）がある。「私」という主人公が夏の鎌倉で「先生」という男性と出会い親しくなる。先生は学生のとき、親友のKと二人して下宿先のお嬢さんを好きになり、お嬢さんを自分のものにしたいがためにKを出し抜くようなことをしてしまう。Kは自殺してしまい先生はお嬢さんと結婚したが、もうお嬢さんを愛することができなくなる。先生は最後に「私」にこのことを手紙で告白して、それと同時に命を断つという物語だ。

先生は最初のうちKは失恋したゆえの自殺と思っていたが、時間がたつにつれそうではなく、Kは親友だった自分との友情を失ったためにその孤独に耐えきれずに自殺したことに思い当たる。それを悟ったとき先生は心が凍てつくような絶望感に襲われて、自ら死を選んだという風に解釈され、人間の持つ根源的な罪を問う小説であるとされている。今以って中高校生の読書感想対象本として人気の本であるのだから、そういう絶望的な悩みは感受性の高い年頃にはピッタリのものであろう。

一般的には『こころ』は前述の解釈でいいだろう。だが日本人の近代化の摂取に疑問を投げかけて来た漱石は、あることに忸怩《じくじ》たる感覚を持っていた、ということだ。これからは私の少々強引な「タメの解釈」になるので眉唾で聞いて欲しい。

『吾輩は猫である』で登場人物の迷亭に語らせた。「（明治維新後）あらゆる生存者がことごとく個性を主張し出して、だれを見ても君は君、僕は僕だよといわぬばかりの風をする様になる。それ丈《だけ》個人が強くなった」「今の人の自覚心と云うのは自己と他人との間に截然《せつぜん》たる（はっきりとした）利害の溝《こう》（大きな溝）があると云う事を知り過ぎているという事だ。そうして此自覚心なるものは文明が進むに従って一日一日と鋭敏になって行くから、仕舞には一挙手一投足も自然天然とは出来ない様になる」に注目したい。

端的にいって、漱石は近代化という中で特に「自己の個性の発展をなし遂げようとするならば、同時に他人の個性も尊重せねばならない」と強く考えていたはずだ。それなのに日本人が手にした「個性」は、迷亭がいうように「吾れが吾れが」であった。これでは個人も国も持たない。『三四郎』で主人公の三四郎が上京時、車中の男に「（日露戦争にも勝ったし）これからは日本も段々発展するでしょう」と云ったら、男から「亡《ほろ》びるね」といわれショックを受ける箇所があるが、まさにこれが漱石の本音なのだ。

しからば漱石はどうしたらよいと思っていたのか。これもズバリ個人個人が「倫理的修養」

を積むしかないと考えていたのだ（大正三年十一月学習院での講演会）。しかも彼は国家的道徳は個人の道徳に比べて低い、だから黙ってないで「ダメなものはダメ」、「示威運動をやる時はやらねばならない」として、とにかく「道義心の高い個人主義に重きをおくべき」だと訴えていたのだ。

漱石は『吾輩は猫である』（明治三十八年）や『坊っちゃん』（明治三十九年）を出した明治三十年後半から、明治三十七年の日露戦争や大逆事件を招いた国家主義の台頭に対して、自身も黙っていて特別反抗もしなかった。そういう深いところから来る自戒から、『こころ』で先生（漱石自身）を抹殺せざるを得なかったのではなかろうか。「黙っていてはいけない」、一人一人が黙っていると明治末期のような「国家主義」が蔓延《まんえん》してしまうのだということを自責の念をこめて、捨て身になってわれわれに訴えていたのだと私は思う。

その一つの象徴が大逆事件（明治四十三年五月）だ。私（漱石）も含めてみなが黙っていたことによって、大変な事件が起こってしまった。明治四十四年一月十八日に大審院から幸徳秋水ら二十四名に死刑判決が降り、六日後に秋水を含む十一名の死刑執行がなされ、あっという間に大逆事件の幕は降ろされた。つまりわれわれは、社会全体が幸せになるために身を捧げたK（幸徳秋水）を見殺しにした。これは私（漱石）たちのいたらなさでもある。この事実を知って欲しいがために恥も外聞もなく、己のプライドを捨てて漱石は『こころ』を世に出すことを決意して、われわれに訴えたのではなかろうか。

太平洋戦争の敗戦で事実「日本は亡びた」。しかし日本人は日本国家のありようや、個人のありようを深く反省、検討、意味も考えてこなかったために、またぞろ戦争にむかう「国家主義」があちこちに根を張り出しているのが現状だ。漱石は泉下でまた歯ぎしりをしているのに違いない。

「人々の愛と孤独と狂気を見つめ、物語をつむぐことによって魂の尊厳に光をあてた漱石。その著作は今もわれわれのこころを捉えて離さない」）——これは没後百年、生誕百五十年に合わせて発行した国民作家『定本漱石全集』の岩波書店のキャッチコピーだが、さもありなんである。

〔詩〕茨木のり子　はたちが敗戦

〈　わたしが一番きれいだったとき　わたしの頭はからっぽで　わたしの心はかたくなで
手足ばかりが栗色に光った　〉

これは詩人・茨木のり子の『わたしが一番きれいだったとき』の一フレーズだ。国語の教科

詩集『わたしが一番きれいだったとき』で世間に衝撃を与えた茨木のり子氏

書に載ったこともあり、多くの人に知られた詩ともいえる。

茨木は大正十五年六月に、大阪市で生まれ、愛知県西尾で育ち、本名は宮崎のり子。父親は医師、本人も帝国女子医学・薬学（現東邦大学薬学部）の出身。医師の三浦安信と結婚し、住まいを所沢、神楽坂、池袋と借家生活をした後、東伏見にマイホームを持った。

この詩は神楽坂に来る前年の昭和三十年に作られたもので、不幸な時代を生きた青春の、それこそ痛ましい詩だ。

戦前の日本が太平洋戦争に突入した年、彼女は愛知県の西尾女学校三年生だった。軍国主義教育一色にぬり込められた学校では、校服はモンペにかわり将校の指導で分列行進の訓練が始まっており、全校生の中から彼女が中隊長に選ばれて指揮をとった。

「かしらァ……右ィ　かしらァ……左ィ　分列前へ進め」

茨木は裂帛《れっぱく》の気合いを込めて、全校生徒四百人を動かした。そのため声をつぶし、「あなたはあれで声をすっかりダメにしちゃって」と、あわれみとも軽蔑ともつかない表情で音楽の先生に言われたと、「はたちが敗戦」というエッセイに書いている。

皇国少女だった彼女は、だからこそ敗戦以降のわが身を厳しく反省し、戦後日本がまたもや愚かな道をたどり始めたことに反発した。この『一番きれいだったとき』の詩も、

〈わたしはとてもふしあわせ　わたしはとてもとんちんかん
わたしはめっぽうさびしかった〉

と、続くのだ。

彼女は昭和三十一年から二年間、神楽坂の白銀公園の斜め前の一軒家に住んだ（今はマンションが建っている）。近所の神楽坂六丁目の裏通りにある鮓《すし》屋「大〆《おおじめ》」（現在廃業）は古くからのなじみの店で、晩年までもそこで編集者とよく落ち合い、詩としては驚異的な売り上げをしめした『倚《よ》りかからず』を生み出した。

〈もはや　できあいの思想には倚りかかりたくない〉
〈じぶんの二本足のみでたっていてなに不都合のことやある〉

〈 倚りかかるとすれば　それは　椅子の背もたれだけ 〉

平成十一年に作られたこの詩は、朝日新聞の天声人語にも取り上げられ、そのあと押しもあって詩集としては異例の十数万部が印刷された。

彼女は価値観が一転した戦後社会の中にあって、普通の言葉でまっすぐに自分の感情を表現した。やさしい人柄であったが凛《りん》とした美しい風貌を持ち、終始背筋をぴんと伸ばし、自分を律することに厳しかった。だから彼女の詩は彼女の人柄そのものとも言われた。

夫に四十八歳の時死に別れ、以降一人だった彼女は、長い間女性の編集者たちと、「大〆《おおじめ》」（廃業）で集まることを好んだ。

「昨日は本当に楽しかった。私ね、神楽坂に住んだ頃が一番幸せだったと言ったでしょう……」、と電話で編集者に話してから二日後に、七十九歳の生涯を終えた、と評伝『清冽—詩人茨木のり子の肖像』には記されている。平成十八年二月のことだった。

（『かぐらむら』93号「神楽坂と近代文学者」から）

〔詩〕逸見猶吉《へんみゆうきち》　日本のランボーといわれて

〈苦痛ニヤラレ　ヤガテ霙《ミゾレ》トナル冷タイ風ニ晒《サラ》サレテ　アラユル地点カラ標的ニサレタ
オレダ　アノ強暴ナ羽搏《ハバタ》キ　ソレガ最後ノ幻覚デアツタラウカ　弾創ハスデニ弾創トシテ
生キテユクノカ〉

この詩は逸見猶吉の『ウルトラマリン　第一』の一部だ。詩人・吉田一穂に激賞され、彼はこの『ウルトラマリン』によって、日本のランボーともいわれた。

彼（本名大野四郎）は明治四十年（一九〇七）に栃木県下都賀郡中村で生まれ、暁星から早稲田大学に進学。在学中の昭和三年（一九二八）に、神楽坂にバー「ユレカ」を開く。「ユレカ」とはラテン語で「ここだ！」「ここを見つけた！」との意。クラシック音楽をレコードで流し、都新聞主催の美人コンクールの上位順など美しい女性をそろえた洒落た雰囲気の酒場だった。たちまち詩人仲間の溜まり場になり、夜遅くなると店の売り上げの日銭を握り彼は仲間たちと豪遊。借金まみれになり北海道に逃げ出す。

途中谷中村に立ち寄る。逸見の本籍地である。その地こそが足尾銅山鉱毒事件で遊水池となり廃村に追い込まれたところで、「亡国」を告発した田中正造によって、日本近代史でも長く記憶されている場所だ。村長であった祖父・孫左右衛門と父・東一は、あきらかに廃村に加担した。逸見の胸に苦悩を伴った「修羅《しゅら》の風」が、生涯にわたって吹き続けたのはこのことによる。冒頭の詩の底にあるものは、己の血に流れる親族の「悪の負い目」に対する反抗と無頼、それに内へ内へと向かう自己解体だ。昭和十年、草野心平、高橋新吉らと『歴程』を創刊。その誌上に一篇の詩を書いて彼の実質的な詩人生活は終わる。

その後突然満州に渡り、必需品配給会社に勤めながら、苛酷な生活環境の中で肺結核と栄養失調により、立ち枯れのように昭和二十一年帰国を前にして三十九歳で病死した。彼の渡満を知らずにかの地に渡った実兄の満州新聞社長・和田日出吉と妻で女優の木暮実千代の支援を拒み続けた。

それにしても満州に渡った後の彼の詩の変貌ぶりは何と言うべきか。日米開戦後の詩、

〈雄々しき大和男の子らの血はたぎり　秋水一閃《せん》の竿頭《かんとう》（さおのさき）より　死して悔いなき悔いなき血闘にとびたった（中略）ああ大東亜戦争たけなはなり　米英撃滅にして余事なく　ゆくぞ神のつはものたち　烈々として猛鷲なり〉

この詩はあの『ウルトラマリン』の示した壮絶な内景とは絶対につながらない。比較して読

む者に悪寒のような戦慄《せんりつ》すら与える。晩年に『難民詩集』の編集を夢見ていたといわれる彼の真意は、一体奈辺《なへん》にあったのだろう。例えそれが身を隠す擬態であったとしても……。

彼の死後、家族の日本への帰還にあたっては、新京（現長春）からの移動の車両の中で、その極悪な環境から妻と次女が死亡、二人の男の子は逸見の知人の援護によって、やっと日本にたどり着いたといわれている。

神楽坂のバー「ユレカ」（神楽坂二丁目八番地）は、現在「ポルタ神楽坂」の一部になっている。開業資金は母親経由の本籍地の売却費用の一部と思われる。弟の大野五郎（後に画家）の尽力により赤字の穴埋めがなされ、昭和五年頃に閉店されたらしい。ただし昭和初期、萩原朔太郎、草野心平ら近代詩人たちが集まった場所が、ここ神楽坂にあったことは記すに値する。

（『かぐらむら』97号「神楽坂と近代文学者」から）

〔川柳〕鶴《つる》　彬《あきら》　墨をする如き世紀の闇を見よ

平成二十九年四月、うららかな陽春の降り注ぐ一日、卯辰山公園玉兎ヶ丘にある鶴彬の句碑の前に立った。案内してくれたのは地元の泉鏡花研究会会員の小林弘子さんだった。前年、ちょっとしたきっかけでお声をかけさせていただいたご縁からだ。小林さんは鏡花作品を深く読み込み、著書『泉鏡花　逝きし人の面影に』で泉鏡花記念金沢市民文学賞を受賞された碩学《せきがく》である。

昭和四十年の鶴彬の二十七周忌に、全国的な規模での基金を得て金沢の鶴彬顕彰会の人々によって建立された句碑には、次の句が大きな石に彫られていた。

暁を抱いて闇にいる蕾《つぼみ》

長年、反戦の川柳作家・鶴彬に興味を抱いてきただけに、この句碑との邂逅《かいこう》は私にとって大いなる喜びであった。昭和十三年九月、日華事変が勃発してから一年二ヶ月後に短い生涯を終えたこの人。しかも平和希求の炎のような情熱を抱きながら駆け抜け、二十九歳で獄中死したこの人のことを、同じ昭和十三年八月生まれの私は、若い時から意識していたといえる。軍国主義体制の完全な台頭の最中に、反戦と平和への願いを川柳という短詩に賭けて、一瞬の光芒《こうぼう》を放って消えた彼の生涯は、現在、日に日にまたぞろきな臭くなっている日本の社会にあっては、どんなに意識しようとしても意識し過ぎることはない。

後で調べてわかったことは、昭和四十七年には故郷石川県高松の小学校の同窓生を中心にした人たちによって、次の一句の句碑建立がなされている。

枯れ芝よ団結をして春を待つ

彼の死後は遺骨が長兄・喜多孝夫の住む盛岡市に埋葬されたことから、当地の川柳人たちによる句碑が建てられている。

手と足をもいだ丸太にしてかへし

川柳の句五百前後、川柳の他に『プロレタリア川柳批判への批判的走り書』『川柳の大衆性と芸術性』など、よく評論を書きそれが約九十篇、それに自由詩数篇が残され、そのほとんどが『鶴彬全集』（たいまつ社一九七七年）に収められている。

退けば飢えるばかりなり前へ出る

鶴彬こと喜多一二《かずじ》は、明治四十二年一月、石川県河北郡高松町（現かほく市）に生まれた。五人兄弟姉妹の次男である。八歳の時に父親の死亡により、母親は再婚で上京したため、高松町の叔父の家で成長。叔父の家は小企業の機屋《はた》だったため、女工の句が多く残されている。

日給三十五銭づつ青春の呪い織り込んでやる

教師を目指して師範学校への進学を希望したが、家業の都合であきらめる。高等小学校卒。ただし専検（専門学校入学者資格検定試験）に合格し家業手伝いをしながら勉学に励む。小学校の頃から金沢市の地方新聞子ども欄に短歌や俳句を投稿していたというから、文芸的才能はおそらく天与のものだったのだろう。家庭が熱心な浄土真宗だったので仏教書なども広く読み、親鸞を研究したり、仏教理論を身につけていく。

前述の新聞の子ども欄に投稿していた小学生の時に、俳句と同じ十七文字で川柳というものがあることを知り、独学で詠み続けた。十六歳で川柳デビューをしている。

「感傷的詩人は没落した地を歩む詩人なれ……只私はひたすら前進」、この文章を書いたのは鶴十六歳の時で、以降二十歳くらいまでの間に、彼は思想的に飛躍を遂げていったようだ。この時分の大正十四年は小松鉄工所のスト、石川合同労働組合の集会やビラまきなど階級意識の高揚時代でもあり、同年には国会で治安維持法が可決されたりした。彼自身も昭和三年になると高松町に川柳会を組織し、社会風刺の川柳を併記して町内の掲示板に貼り歩き、演説会なども催している。

世の中も大正末期から新興川柳が、新しい民族短詩として勢力を広げだし、中央に井上剣花坊、北海道釧路に田中五呂八、広島に古屋夢村が出て、鶴もおおいなる刺激を受けている。最初は生命主義の田中五呂八に愛情あふれる指導を受けたが、叔父の事業の破綻から、鶴は職を求めて高松町を去っていく。だが職を得る現実は厳しく、「都会の生活の嵐に吹き回され、資本主義の矛盾に痛めつけられ、もはやこの世には超現実的なものは何ほども実在しないことを体感」と語っている。

資本主義の工場ニヒリストの煙突

次いでプロレタリア川柳を拒まない『川柳人』を主催する東京の井上剣花坊を訪ね、そこを舞台に無産階級的写実主義の川柳を詠み続ける。住まいも東京葛飾に住む実母・寿ずのもとに寄宿。北國新聞東京支社に勤めるも、折りあわず離職。「失職すると啄木が兄のように思われます」と同人あてのはがきに書いている。

しもやけがわれて夜業の革命歌

昭和二年、『川柳人』に「僕らは何を為すべきや」を書き、非合法活動に入る。

手と足をもいだ丸太にしてかへし

昭和五年、鶴は金沢第九師団歩兵第七連隊に入隊。そこで彼は半年後に日本共産党青年同盟の機関紙『無産青年』数部を、数回にわたり秘かに隊内に持ち込み、読者獲得のため隊員に配ったことが発覚する事件を引き起こす。いわゆる「赤化事件」だった。治安維持法違反で懲役二年の刑となり、大阪衛戍監獄に送られる。

昭和八年に除隊。社会主義を容認し、プロレタリア川柳も容認してくれた井上剣花坊は、翌年に亡くなった。もう鶴には川柳界のどこにも頼るべき人がいなかった。

それ以降の数年間は、井上亡き後の『川柳人』に川柳の工夫の三行書の句を発表したり、五七五音律と十七字制約の中で、どうしたら労農大衆に記憶され、うたわれやすいかといった図式主義への問いかけ、彼によれば俳句は「詠む」であり、川柳は「吐く」である。果ては大衆性と芸術性をどのように両立させるのか、といったことに全身全霊を傾けていくことになる。

昭和十年、そんな中、井上剣花坊夫人の井上信子によって新しい川柳誌『蒼空』が出される。鶴は以降そこを拠点に句を載せはじめる。

玉の井に模範女工のなれの果て
みな肺で死ぬる女工の募集札

貞操を為替に組んでふるさとへ

「風刺がユーモアの室内で活動しているうちはまだ、現実への格闘精神の不徹底さをあらはす。厳格な格闘精神は笑いをやめ、涙を流すことを忘れたところにある」、「決して風刺は叙情という主人に奉仕する下僕であってはならぬ」

枯れ芝よ！団結をして春を待つ

昭和十二年、治安維持法違反で狙いすました特高警察に鶴は逮捕され、東京の野方署に留置される。そこには作家・平林たい子がすでに拘留されていた。頑として正義派一徹で留置場内にあっても心情を曲げない鶴や平林は、人情のかけらもない巡査部長や警部補などから、徹底してしめ上げられる。劣悪な房生活の悪条件の下で腹膜炎を患った平林は、昭和十三年八月半ばに釈放された。続いて赤痢を発病した鶴は、病状思わしくなく警察に診療をもとめたが拒否された。非道の拷問を受けた後、看視のまま豊多摩病院に移送されたが、翌九月十四日についに死去。二十九歳の短い命を散らした。野方署から代表がくやみに来たのに対して母親・寿ずはキッとなって、「殺しておいて今更何を言うか……」と詰めよっても、警察は反論もなく首を垂れたままだった。

自分の論を舌鋒するどく展開した時期もあったが、二十代後半はそれも影をひそめ、丁寧な説得調が目をひいた。大衆の善意への信頼を持たずしては、社会主義への啓蒙や革命もあり得ないことを、鶴は自覚していた。

日一日と死期が近づく彼の惨状にたまりかねて付添婦は鶴の看護の辞退を申し出たが、息子を見た母親が「もう長くはないので、死ぬまで面倒をみてくれるように」と切願したので思いとどまり、鶴の人柄に感銘したこともあり、その後無償で看護を引き受けてくれたという逸話も残っている。

雪崩をうって戦争に傾斜した時代に命がけで抵抗し、川柳を文学の一角に押し上げた偉業の人、鶴彬をわれわれは刮目《かつもく》すべきであろう。

金沢の観光案内書は、道路一つへだてた徳田秋声の碑のことは書かれていても、鶴彬の句碑にはふれてはいない(平成二十九年時点)。それだけに鶴の句碑と案内してくれた冒頭の小林弘子さんのインテリジェンスというか知性には深く頭が下がる。

〔映画〕『アイ・イン・ザ・スカイ』を見て―「世界一安全な戦場」―

ドローン偵察機

ケニア・ナイロビの隠れ家に潜んでいるアル・シャバブの凶悪なテロリスト夫婦の姿を、アメリカ軍の最新鋭の小鳥に似せたドローンが、隠れ家の梁に止まってキャッチしている。上空約六千メートルにはアメリカのリーパー無人飛行機が、そのドローンの映像をイギリス・ロンドンの諜報機関、イギリス南部の町ノースウッドの国防省、アメリカ西部ネバダ州の米軍基地、それにケニアの司令官がいる会議室へと送り続けている。

映画『アイ・イン・ザ・スカイ』のポスター

この映画の副題は「世界一安全な戦場」である。戦争の現場が安全であるはずはないのだが、ドローン＝無人飛行機を使えばこちら側の生命を脅かされる危険はいっさいなく攻撃できるというわけだ。

攻撃される相手はともかく自分たちは安全そのもの、まさにドローンを使った攻撃の話なのだ。

ストーリーはこんな風に展開される。イギリス軍の常設統合司令部・司令官のパウエル大佐（女性）は、国防相ベンソン中将と協力してアメリカ軍の最新鋭のドローン偵察機を使い、英米合同のテロリスト捕獲作戦を指揮している。

そんな時、武装急進勢力アル・シャバブが、ケニア・ナイロビのある家に集結しているという情報を得る。その中にはイギリス国籍のテロリスト夫婦がいることを知って、彼女はテロリストたちを捕まえる準備に入る。

といっても大佐がいるのはケニアから遠くはなれたイギリスだ。隠れ家近くで現地人にドローンを操らせ、建物の梁に小鳥の恰好をしたドローンを止まらせて内部の状況を逐一知るという設定だ。作戦の目的はテロリストを捕まえることだったが、ドローンからの映像によって、この武装勢力が膨大な弾薬を家の中に所有しており、しかも自爆テロをする要員数人の身体に爆弾を巻きつけていることがわかり、方針を転換。武装勢力が集っている家そのものを爆破する作戦に変更する。そのまま自爆テロリストを外に出してしまうと、大変なテロになってしまうことが自明だからだ。

その作戦変更の指示を上官に求めている最中に、家の前で現地の少女が親に言いつけられてパンを売っていることが判明。局面は急転直下。家を爆破すれば少女は確実に死ぬ。しかし自爆テロリストを家から出してしまうと多くの犠牲者が出る可能性が高い。さて、さて、どうすべきか、という話だ。

罪なき少女は犠牲にされるのか

予期しない民間人の巻き添え被害に対して、イギリスとアメリカの軍人や政治家、またドローンの映像を見ながら攻撃の引金を引くことになるアメリカ空軍基地の軍人たちの、己の責任と覚悟があわただしく問われ出す。誰しも無辜《むこ》の民を巻き添えにしたくはない。ただちに攻撃することしか念頭に無いのはロンドンの常設統合司令部のパウエル司令官、ただ一人。「少女を犠牲にしてもテロリスト殺害を優先すべき」と、彼女は終始主張する。さあ、はたしてどうなるのか。

安全地帯からいつでも攻撃ＯＫのイギリス軍とアメリカ軍、身をまもるすべが一切ないケニアの現場が激しく交互に映し出される。観客は一緒になってこの状態に参画せざるを得ない状態に追い込まれていく。両親に深く愛されている一人の少女、学校の勉強を父親に見てもらう姿、おそらく父親に買ってもらったのであろうフラフープを嬉々として回す少女の姿、母親の内職なのだろうそれを助け、焼き上がったパンを道路のそばの粗末なテーブルを出して売る姿。それらの姿が見ている観客の頭にいくたびもフラッシュバックされてくる。

この映画は戦争という大義のために一人の少女を犠牲にするお馴染《なじ》みの映画だなと思って見

ていると、そうでもない。少女を犠牲にすることにイギリス上層部から批判が出たため、外務大臣、さらにはアメリカの国務長官にまで意見を仰ぐことになり、空白の時間が何度か過ぎてゆく。即時攻撃を主張するパウエル司令官のじれったい表情とは別に、アメリカ空軍基地の攻撃手の勇気ある「待った」――少女がパンを売り切る数分までもう少し待つべし、という提案に関係者が納得してゆくシーンも交え、攻撃の瞬間、瞬間がジリジリとにじりよってくる。パウエル司令官もただ家の爆破から、的をずらして少女が生き残れる確率を側近に計算させるまで、譲歩させられる。

だがテロリストが身に爆弾を巻きつけて、最後の祝福を夫婦から受け、家を出る瞬間がこれまたジリジリと迫っている。ポイントはただ一点、攻撃ＯＫをいつ出すのか（その瞬間一人の少女は巻き添えにされる）、それはいつなのか。

現代戦争の大いなる矛盾

この映画の脚本（ガイ・ヒバート）の良さと監督（ギャヴィン・フッド）の演出の腕の冴え、それにパウエル司令官を演じたヘレン・ミレン等の出演者の出色の演技など、現代戦争の矛盾をえぐり出した衝撃の軍事サスペンスで、すばらしい作品となっている。

映画は現地から遠くにいる政務官の「言わせてもらえば、恥ずべき作戦ね。あなたたちは安全な場所からやったのよ」に対して、国防相ベンソン中将の答えは、「私は爆撃直後の現場処理を経験した。五つの自爆テロ現場でのことだ。地面に遺体が散乱していた。今日、貴女がコーヒーとビスケットを手に見たシーンは確かに恐ろしいものだ。だが決して軍人に言ってはならない。彼らが戦争の代償を知らないなどと」。

大きな目的達成のために一人の民の命を奪っていいのか。この誰しも解答を持たない苦しい永遠のテーマに対して、優先すべきことは何なのか。ベンソン中将の言動は一つの解答を突きつけている。爆破後巻き添えになったこの少女は、両親の必死の思いで緊急病院にかつぎ込まれるも、はかなく命は消えていった。

ご承知の通り、その頃アメリカではオバマ大統領はブッシュ大統領が始めた対テロ戦争を引き継ぎ、地上軍を大幅に削減して無人飛行機によるピンポイント攻撃を増やした。地上からのライフルの狙撃と違い、ヘルファイア（地獄の業火）というミサイル攻撃はターゲット以外にも周辺被害が多数出る。

そしてこの映画のようなドローン（無人航空機）による被害は、民間人の被害率が約二十パーセントだといわれている。民間人の死が軽くみられ、二〇一三年アメリカがイエメンのドローン攻撃の被害者遺族に支払った額は、一家族あたり約六万ドル。ドローン操縦者の基本給は年十万ドル以上で、攻撃のたびに特別手当がつくことになるらしい。

映画のベンソン中将だって、冷徹一辺倒の軍人ではなく、市民としての温かい心を持っていた（画面にその温かさがにじみ出ていた）。強いていえば直接攻撃を命じるパウエル司令官を始めドローン攻撃をする側の一人一人に、悪人なんか誰もいない。ただ平和を望む一般人が、無意味な死を一方的に押しつけられるという日々が今でも続いているという現実だけが、突きつけられている。

そうなるとこれは「戦争という大義と個人の生という現代戦争の大いなる矛盾」だと言わざるを得ない。だからうかつに戦争などはしてはならないのだ。また戦争を誘導する法案なども作ってはならないのだ。そのために外交があり、会話するチャンスは無限にあるべきなのだ。

このような良心的な映画は日本では絶対に作れないであろう。作ろうとしても内部秘密の漏《ろう》洩《えい》とか、トップシークレットの漏出とか、わけのわからない政府内部の声に圧殺されるであろう。かつて七十数年前、東京・下町の大空襲の生き残りの一人として感じたことはただ一つだ。映画『アイ・イン・ザ・スカイ』は、現代の悲劇を空から冷静に見下ろしている神のまなざしの暗示以外のなにものでもない。

第四章　戦争と政治のことなど

官庁の公文書隠蔽《いんぺい》・改竄《かいざん》問題、森友・加計学園問題等々、官邸に強権的な官僚出身者を集めて知らんふりを決め込む首相。「外患より内憂こそが国家崩壊の元」という歴史の教訓をも踏みにじり、ひたすら「戦争のできる国」づくりに励む現政権に、戦争は絶対ＮＯと言い続けたいし、人間として清さを持った首相であることを望みつつ思いの一端を記したい

昭和二十年三月十日（2）生、わずか

私はサラリーマン生活の終盤にいたるいわゆる現役時代には、それこそ戦争体験を他に語ることもしてこなかっただけに、決して偉そうなことは言えないが、平成元年頃に気になったことがあった。それは当時の野党の社会党が昭和四十七年に結成された全国戦災障害者連絡会（全傷連）の運動を受けて国会に提出した「戦時災害援護法案」は十数回にわたったが、与党の自民党がことごとく反対して廃案にしたことである。戦勝国のアメリカ、イギリスはもちろんのこと、敗戦国のドイツですら戦火に遇った場合にはある一定の補償を決めていた。それに比べ日本は民間人にはビタ一文も補償する気がなかったのだ。

数字を調べてみると、第二次世界大戦で日本人はおおよそ三百十万人が死んだといわれている。その内民間人は八十万人で、アメリカ軍による空襲では、おおよそ五十万人が亡くなったと言われているので、昭和二十年三月十日の十万人がいかにその被害が大きかったかがわかる。

東京の下町では死者の他に百万戸の家屋被害があったと推定され、生き残った高齢者や女性や子どもたちがいかに苦しい思いをしたかが推察されようというものだ。東京だけでなく大阪、名古屋、神戸を始め各地の都市で多くの人々が傷ついた。もちろん広島や長崎のような原爆被

害には及ばないにしても、戦災で身体に障害が残った人々がいかに生活苦においやられたかは想像にかたくない。

日本政府は元軍人や軍属には補償や援護をしてきて、その累計は六十兆円に及ぶという。それなのに民間人に対する補償には、頑として応じてこなかったのだ。私のように健常者として生きた人間を対象にしろとは言わない。身体の部分に損傷を負った民間人にはなんらかの補償があってしかるべきだと今でも思っている。軍属に関わった人たちと民間人と、国が始めた戦争でどこが違うのであろう。あきらかに民間人軽視の施策だ。

平成二十年に起こされた大阪空襲の民間人被害者の訴訟は大阪地裁、同高裁で敗訴、六年後に最高裁で敗訴が確定。名古屋ではそれ以前に最高裁で敗訴が決定していた。東京大空襲の提訴も東京地裁、同高裁で敗訴、平成二十一年に最高裁で敗訴が確定されていた。そこに立ちはだかった論理というか理屈は何だったのか。一言で言ってしまえば「戦争被害受忍論」という法律の理論であったようだ。「戦争は直接的にも間接的にも日本国民全体が被害にあったのだから、みなで我慢すべき」というやつだ。

だが、この論理というか法理にはどうしても無理がある。現に原爆被爆者に国は補償をせざるを得なかったし、沖縄被害者にも同様な措置が取られている。あるいは海外からの引き揚げ者にも補償をせざるを得なかった。その差はなんだったのだろうか。

よくよく調べてみると、平成二十二年夏に結成された全国空襲被害者連絡協議会（全国空襲連）の空襲被害者の主張は、もともと当初は負傷者だけでなく、空襲で保護者を失った孤児らも対象になっていたようだ。だが、現在国会提出が準備されているものは、身体障害者手帳を持つ生存者たちが中心でその要求が格段に小さくなっている。それ位圧力が強いのだ。戦後から七十数年経った現在の偽らざる真実だ。国は圧力をかけられる者には滅法強い。今やこの層も高齢化でわずかになっている。国はその現存人口の減少を待っているにちがいない。遙かなり「かの戦争」だ。

話が横に逸れるが、最近気になることがもう一つある。

二〇二〇年の東京オリンピック、パラリンピックに向けてだ。注意しなければならないことは、気がつくとまたまた「戦争っぽさ」に囲まれかねないということだ。そもそも招致のプレゼンテーションで首相の「福島第一原発汚染水流失」問題を「ノープロブレム」と世界に向けて強弁したことに、日本人は「ウソっぱち」と知りつつヘラヘラしてそのウソを問い詰めなかった。案の定首相は「東北復興」への総力傾注とかその場かぎりの絵空事を世界に言って、その核心は現在に至るまで宙に浮かせたままである。その後のリオデジャネイロオリンピックでは、優勝すると報道のほとんどが「日本がやりました」「ニッポンが勝ちました」と言ってはばからなかった。勝ったのは水泳の萩野公介であり、女子フリースタイルの伊調馨であり、柔道のベイカー茉秋《ましゅう》とか個人であるのに、十箇の金メダルは、十箇の日本の勝利だと今さら言ってもせんかたない。

なにしろ沖縄基地問題が紛糾している夏だというのにそれには蓋《ふた》をして、オリンピックの報道がやたらと「戦争っぽい」のだ。「参加することに意義あり」という五輪精神などそっちのけで「国威発揚」がしきりに叫ばれていたのだ。多分、戦後七十五年の東京オリンピックは、その「国威発揚」がさらに暴発するであろう。期間中に学生に無償のボランティア活動を課すなんてのも、かの国家総動員を思わせる。

今から想像できることだが、「ウソ」と「誇張」だったかの「大本営発表」によなく似たものになるだろう。同時に押しつけられた憲法をなんとしてでも改正せねばならないとか、北朝鮮の非核化実現のための一層の圧力強化など、日本の「国威発揚」発言が目に見えるようだ。日本は四方が海に囲まれているだけに交渉ごとへの準備、根回しが不得意で、外交は依然として練れていない。それだけに自国論理の固執や勝手さだけが浮き彫りになってしまうのだ。

話を元に戻すと、「あの戦争」が遙かなものになって忘れられていく一方で、戦争被害者に対して国の負の遺産を一方的に押しつけたまま、歴史の中で葬り去っていくのであろうか。「残された生がわずか」な人たちへの一片の思いやりも示さず、かつて歩んだ道を歩一歩と進むのであろうか。

戦争という行為には莫大なコストがかかるのだということを互いに認識するためにも、空襲被害者に国はなんらかの対応をすべきであろうし、その方が戦争の抑止力になるはずだと私は思っている。

安倍首相の「戦後七十年談話」を嗤《わら》う

平成二十七年（二〇一五）八月十四日、安倍首相は『戦後七十年談話』を発表した。翌十五日にその全文を読んでびっくりした。これが一国の首相が述べることなのかと。

七十年の首相談話というものは、日本の今後の対外政策の基本線をあらわす極めて重要なものであり、単なる首相の個人的な見解や感想を述べるものではない。国際的な公約であり、一種の国際法的な意味を持つ。当然のことながら村山富市元首相の『戦後50周年の戦争記念日にあたって』（平成七年）を「全体として継承する」のであれば、具体的な言語表現でそれとの関連を明らかにする必要があるはずだ。それが常識的にも国際法秩序の法的安定性を保つことになる。

それを客観的な歴史記述を説明しながら、述べている事柄はセンチメンタルで談話の中身の主体がはっきりしない。しかも小細工が多すぎる。言及していること、例えば侵略や植民地支配に関する脈絡がはっきりせず、のらりくらりと言い訳をしながら、最後は自己弁護して正当化しようという狡知《こうち》がありありと見える。

驚くべき見解

「百年以上前、西洋諸国を中心とした国々に広大な植民地支配の波は十九世紀、アジアにも押し寄せました。その危機感が日本にとって、近代化の原動力となったことは間違いありません。アジアで最初の立憲政治を打ち立て、独立を守り抜きました。日露戦争は植民地支配のもとにあった、多くのアジアやアフリカの人々を勇気づけました」と、誇らしげに安倍首相は言い切った。

驚くべき政治感覚の持ち主であり、驚くべき教養の低さである。当時、極東の小国が日露戦争で勝利したということは、世界を驚かせたことであろう。だがそれをもって反植民地闘争の展望が開けたという話は、理論的にも実際的にもどこにもない。当時の国民の多くは、国が滅ぼされるという政府の誘導のもとに、海に山に屍を累々とさらしたのが実情だったのだ。しかも時の桂政権は天皇暗殺という「大逆事件」（明治四十三年六月）をでっちあげ、全国の社会主義者や無政府主義者を二十四名も逮捕し、裁判も非公開でそそくさとやり、翌年の一月に幸徳秋水、管野須賀子などを処刑した。

要は日本人が優勢だから戦に勝ったというよりは、ロシア社会の長年の王朝支配が腐敗して社会主義革命へとつながる反乱が国内あちこちで起こり、皇帝の権威失墜、軍隊の指揮系列の行き詰まりで、ロシア自身すでに戦えない状況になっていたのだ。談話のように、「多くのアジアやアフリカの人々を勇気づけた」ということなど、歴史のどこをひっくり返してもそんな事実はこれぽっちもない。なんという首相の詐称と傲慢《ごうまん》さであろう。

すべてを他者のせいにする

「満州事変、そして国際連盟からの脱退。日本は次第に国際社会が壮絶な犠牲の上に築こうとした『新しい国際秩序』への『挑戦者』となっていった。進むべき針路を誤り、戦争への道を進んでゆきました」

これではまるで人ごとだ。世界中の人々が第一次世界大戦（一九一四〜一八年）の反省から平和を願い国際連盟の創設（一九二〇年）や不戦条約の締結などの新たな潮流が生まれたという事実を述べながら、日本も最初はその足並みをそろえはしたが、一九二九年に世界恐慌が発生し、欧米諸国は植民地経済を巻き込みながら「経済のブロック化」を進めたために、日本は大打撃を受けて孤立化し、経済的にも行き詰まってしまった。それを武力によって解決しようとしてしまったのだ。それを止めだてする政治的なシステムを有していなかったからだ。なぜそういったシステムを持たなかったのか、それこそが日本の問題なのではないか。一国の宰相の言葉としては、寒気がしてならない。

勝手にかつ一方的に満州国を興し（昭和七年）、国際連盟脱退（昭和八年）をして、日中戦争を起こした元凶はなんなのか。その反省がなければどんなに言葉を言い変えても空疎だ。いわずとしれた「天皇の統帥権」を勝手に作り出し、軍部がそれをわが宝剣として振り回したことの事実を隠してしまったなら、これはまた「いつか来た道」ではないか。

首相の談義の核心はかの植民地支配へのお詫《わ》びであったはずだ。村山元首相の五十年談義はそのところをこう述べていた。「わが国は、遠くない過去の一時期、国策を誤り、戦争への道を歩んで国民を存亡の危機に陥れ、植民地支配と侵略によって、多くの国々、とりわけアジア諸国の人々に対して多大の損害と苦痛を与えました。（中略）ここにあらためて痛切な反省の意を表し、心からのお詫びの気持ちを表明いたします」。これが安倍首相の談義では、「戦火を交えた国々でも、将来ある若者たちの命が、数知れず失われました。中国、東南アジア、太平洋の島々など、戦場となった地域では、戦闘のみならず、食糧難などにより、多くの無辜《むこ》の民が苦しみ、犠牲となりました」。

この「戦火を交えた国々」とは一体なんなのだ。これでは日本の侵略の罪は巧妙にかき消されているではないか。

安倍論法に従えば、お互いに戦火を交えたのだから、中国への侵略などはあたかもなかったかのようになってしまう。しかも「南京虐殺」などは左翼の後からの自虐史観が言わしめた作り話になっていく。が、昭和十三年（一九三八）三月に発表された戦記文学の一つ、石川達三の『生きてゐる兵隊』を読めば一目瞭然だ。日本の軍隊が南京占拠のおり、いかに残虐な殺戮行為を一般市民にやったかが手に取るようにわかる小説だ。そういった本を読めば、当時の日本が行った侵略戦争がどんなものであったかが一度にわかるのに、それもせずによくも侵略戦争を無視しながらはぐらかし、ぬけぬけと「何の罪もない人々に、計りしれない損害と苦痛を、我が国が与えた事実。歴史とは実に取り返しのつかない、苛烈なものです」と人ごとのように言う無恥さかげん。

「一人一人にそれぞれの人生があり、夢があり、愛する家族があった。この当然の事実をかみしめる時、今なお、言葉を失い、ただただ断腸の念を禁じ得ません」と、いけしゃあしゃあと言うあつかましさ。そして「これほどまでの尊い犠牲の上に、現在の平和がある」。という居直り。一体これはどこに対して言っている言葉なのか。

筋違いの論議

昭和十年代前後においても、この日中戦争は国民の為にならない侵略戦争であるとして、果敢に反戦活動をした人が少なからずいたが、当時の政府はこれらの人々を国賊として弾圧し続けていた。

政府や軍部は、耳をかさなかった。戦争を止める政治システムが完全に無かったのだ。（中略）

そして「日本では、戦後生まれの世代が、今や、人口の八割を超えています。あの戦争には何ら関わりのない、私たちの子や孫、そしてその先の世代の子どもたちに、謝罪を続ける宿命を背負わせてはなりません」という言葉になるのだ。だが、これって究極の無責任の論である。戦争を引き起こした要因をえぐり出さず、社会の変革にもなんら手をそめなかった日本には、こう言う権利は断じてない。だから謝罪の表明が必要なのに、そういう歴史性を無視したところからは、隣国からの理解と友好関係を導くことは不可能であろう。

中国、韓国、北朝鮮などの隣国から、うさんくさく見られていることを無視して、ちゃっかりアメリカの軍事傘下に入り、知らん振りしていていいはずがない。韓国の慰安婦問題にしても、お金で解決できる問題ではない。誠意ある謝罪が望まれているのに、高飛車に無視する安倍外交は、必ず近々のうちに痛烈なしっぺ返しを喰《く》らうに違いない。あまりにも自分勝手過ぎるのだ。

全体的に言えることだがどうひいき目に見てもこの談話は、「宿命」とか「永遠に訣別《けつべつ》」とか自己陶酔的な言葉で飾り付けているだけで、どこか傍観的な感じが否めないし、「日本の戦争責任」については、「日本は、世界の大勢を見失っていきました」という奇妙な言い逃れをしているし、「植民地支配の責任」にはふれないで、ほっかぶりしたままだった。

政治家の後ろ姿は我々に何を語るのか

一国の首相の談話としてはあまりに空疎で無責任でズルすぎる。チャラチャラし過ぎている。「戦争」というすべての人権を否定し、人類の行いで最も愚かしいふるまいをしたことに対しての想像力が欠如している。

京都で家内と岡﨑神社の前を通過したとたんに、「アベ政治を許さない」と書かれた紙片を持った人々に出会った。一連の安倍政治に黙っているわけにはいかなかったのだろう。このフレーズは全国各地で一斉にかかげられたもので、澤地久枝、鳥越俊太郎、瀬戸内寂聴、古賀茂明などの呼びかけにより、文字は自身が七十年前に孤島の激戦地で多くの部下を死なせた贖罪から、九十五歳の俳人・金子兜太（二〇一八年九十八歳で死去）が筆を執ったものだ。

かつて昭和七年八月に「関東防空大演習を嗤う」と書いて筆禍事件を起こし、信濃毎日新聞の主筆をおわれた「抵抗の新聞人　桐生悠々」のひそみにならい、タイトルを「安倍首相の『戦後七十年談話』を嗤う」とした次第だ。

（二〇一六年）

安倍首相の関心事　――その裏側にある日本社会の質の劣化

原発

平成二十八年十二月に渋谷でドキュメンタリー映画『「知事抹殺」の真実』（監督我孫子亘）という映画を見た。佐藤栄佐久元福島県知事をあつかったもので、彼は平成十八年（二〇〇六）に身に覚えのない収賄罪で逮捕され、高裁で収賄額零円と認定されながらも平成二十四年に最高裁が有罪にした全く不可解、理解不能な事件の主人公であった。佐藤はその間に辞任に追い込まれ、後に『知事抹殺』という本を書き、身の潔白を訴えた。

前知事・佐藤栄佐久氏は昭和五十八年（一九八三）に参議院議員通常選挙で自民党から出て初当選し、大蔵政務次官を経て昭和六十二年に福島県知事に出馬し当選した。彼自身は初め国是である原発推進派であった。ところが度重なる東電の事故隠し、ねつ造、虚偽申告にしびれを切らし、県民の生命を守るのが知事の仕事であるという信念から、高速増殖炉「もんじゅ」、再生燃料「ＭＯＸ燃料」の危険性などを指摘し、その上で平成八年原発が集中する福島県（十基）、新潟県（七基）、福井県（十一基）の三県の知事による「三項目の提言」を当時の橋本首相にした。①核燃料サイクルのあり方は国民各界各層の意見を吸い上げる権威ある体制を整備する。②合意形成については安全性の問題を含めて吸い上げられるよう各種の機会を設ける。③必要な場合は改訂時期にこだわらず原子力長期計画を見直すことと、プルサーマル計画やバックエンド対策の将来的な全体像を明確にすることを提言した。

その後、佐藤知事によるプルサーマル実施の「待った」の声にもかかわらず、東電は「国策である原発は、今後とも計画通り推進」とばかりに威丈高になっていった。それならばと核燃料税引き上げ条例で東電と激しいつばぜりあいを行い、平成十四年の東電内部告発に端を発した点検記録ごまかしの発覚から、原発の一時停止、プルサーマル白紙撤回などを主張した。

そこで起こったのが、冒頭に記した県発注のダム工事をめぐる佐藤栄佐久知事と実弟の収賄事件であった。これにより佐藤知事は道義的な責任を取る形で辞職に追い込まれ、その後逮捕されることになったのだ。映画はさらに佐藤氏が後に語った「私をこのようにしたのは第一次安倍内閣の時の安倍さんでしたよ」というつぶやきを拾っていた。だから安倍首相の関心事はあくまでも原発推進である。これは昨年初頭に報じられた英国への原発輸出に対し、「政府はメガバンクや電力会社もまきこんだ総動員態勢で支援に乗り出す」ということにつながるのであろう。（本年一月、日立製作所はコストアップのため本計画をギブアップした）

反対に無関心なものは、ドイツ、中国、アメリカなどが一斉に取り組み出して、今や成果が着実に上がっている、再生可能エネルギー開発である。

日米地位協定

対外の最大の関心事は日米地位協定である。

平成二十九年（二〇一七）十一月五日、トランプ米大統領が専用機「エアフォース・ワン」から米軍横田基地に降り立った。安倍首相の出迎えの姿はない。埼玉県のゴルフ場に一足先に向かっていたからだ。だが、主権国家としての機微に関わる問題だけに、公式訪問でいきなり基地に降り立つ大統領は前代未聞だ。なぜ「正面玄関」から来ないのか？　と、誰もが困惑した。

そもそも米軍事基地から出入国するのは、ＧＨＱのマッカーサー最高司令官が、敗戦直後の昭和二十年に厚木基地に降り立った占領下の日米関係を彷彿させるようで、はなはだまずい。外交儀礼上の配慮が見られない。日本側も「主権国家としての自負心がない」と言われても仕方がない。

なぜそうなっているかと言えば、日米地位協定があるからだ。米軍の軍事的な要項を協議する日米のその根底に「合同委員会」という組織が存在して、対米への位負けの構造を作り上げてしまったのだ。アメリカは日本を自由にできる。しかも委員会の実態は謎につつまれている。アメリカ側代表は在日米軍司令部副司令官、日本側は外務省北米局長で、その組織は隔週木曜日ごとに都心の米軍施設や外務省の密室で、日米地位協定の解釈や運用について人知れず協議を重ね、米軍の特典を維持するために数知れぬ秘密の合意、いわゆる密約を生み出している。しかもそれらの密約は、日本国憲法にもとづく日本の国内法（憲法体系）を無視して、米軍に治外法権に等しい特権を与えているのだ。ついでに言うなら、米国の日本での既得権益を侵すような話については、米国は本能的に拒絶反応を示す。彼らの怒りを恐れて外務官僚たちは、些細《ささい》な現状変更にも「日米同盟が動揺する」と反対する。そういう構造がかっちりとでき上がっている。

日本の官僚の対米従属志向と首相の意向は、現在のところ全く一緒のようで、言うなれば『アメリカ属国の代官国家』でよいと考えているからだ。安倍総理の関心事は専らこの「日米合同委員会」（地位協定）で、アメリカの国益の最大化こそが日本の国益の最大化につながると信じているからだろう。

沖縄県の米軍普天間飛行場に隣接する小学校の校庭に、米軍ヘリの窓が落下する事故が起きようが、またヘリそのものが落下炎上しようが、一切ノーコメントであるのはこのためだ。さらには「辺野古が唯一の移設先」といって、沖縄県民の声を一切聞こうとしないかたくなな態度も、「アメリカを怒らせない」というただその一点に尽きると言うべきだろう。例えばドイツなどではアメリカ人の犯罪などは、当然のことながら国内法を適用しているのに、なんという彼我《ひが》の違いか。

危険な「緊急事態」

平成三十年、安倍首相は年頭にあたり「憲法改正にむけて国民的な議論を一層深めてゆく」として改憲意欲を表明していた。

だが、本当にそれでいいのだろうか。「9条の1、2項を置いておいて自衛隊の存在を明記をする」文言を加えたならば、憲法の解釈は大きく変わってしまう。すでに限定的とはいえ集団自衛権の行使を認めた安全保障法制をしている以上、自衛隊の明記はそれを追認するだけではなく、時の権力が恣《し》意《い》的に活動範囲を広げる余地を残すということになる。安倍総理はそもそも憲法順守には無関心なのだ。

もっと核心を突くならば改憲に関する総理の関心事は二つあるのではないか。一つは明治の憲法に戻すこと、二つは緊急事態条項を盛り込むことであると思う。読み解く鍵は平成二十四年の自由民主党の「日本国憲法改正草案」の中にある。

現行憲法の第一章の天皇には「天皇は、日本国の象徴であり日本国民統合の象徴であって、この地位は、主権の存する日本国民の総意に基く」とあるのを、改正草案の第一章　天皇では「天皇は、日本国の元首であり――」と変えているのだ。これは総理の支持母体の一つである日本会議（一九六〇年代の学生運動から発した日本青年協議会の大日本帝国憲法への原点回帰を目指す右翼組織であり、根本には「生長の家」の説くところの天皇を中心にした明治憲法復活論に立つ）の主張する戦後レジームの打破に立っている。

つまり「戦後レジームからの脱却」とは、現憲法の国民主権、平和主義、基本的人権の尊重といったことの否定に他ならない。総理の頭の中にあるのは、「天皇家のもとに古き良き日本のしきたりや家族観、しいては伝統、歴史を取り戻す」ことにあり、天皇を頭にいただきながら総理の言うことに従順に従う国民づくりが第一だと考えているのだろう。

次に第九章の「緊急事態」である。自民改正案にある新設のその項にそれはこう記されている。

「内閣総理大臣は、我が国に対する外部からの武力攻撃、内乱等による社会秩序の混乱、地震等による大規模な自然災害その他の法律で定める緊急事態において、特に必要があると認めるときは、法律の定めるところにより、閣議にかけて、緊急事態の宣言を発することができる」。「緊急事態の宣言は、法律の定めるところにより、事前又は事後に国会の承認を得なければならない」等々である。

これは内閣総理大臣が「特に必要があると認める」と、認めさえすれば自由に緊急事態宣言ができるということであり、「事前又は事後に国会の承認を得なければならない」ということは、国会の承認は後回しにして実力行使が可能ということで、総理大臣の権力を縦横に振るえるということに外ならない。ドイツのワイマール憲法第四十八条にある緊急例が、いつのまにか憲法制定権力として振るまったヒトラーの「主権独裁」へとすり替えられた手口を、改憲の中に紛れ込ませるという巧妙なものだといえよう。

社会に広がる無力感

さて、この後はフリーの私のコメントだ。

まず国内情勢、今もって国民にとって理解不能となっている森友・加計学園関連の公文書改竄問題。また陸上自衛隊イラク・南スーダン派遣時の日報問題など、民主主義の根幹を支える「公文書」そのものを軽視させたり、そもそもが本来政治的中立を保たなければならない官僚をして、それでは生きていけない状況を作ったのは安倍首相の責任そのものではないか。国民の最大の関心事――増税問題にしてもサラリーマンの給与所得控除の見直し（年収八百五十万円超の増税案）を準備しておきながら、平成二十九年十月二十三日の衆議院選の勝利翌日に出すなど、その狡猾《こうかつ》さは何だ。労働時間の緩和と強化を抱き合わせにして、結局は一般労働者の残業代タダ取りをもくろむ「働き方改革」を閣議決定するという行為は、一般国民の権利を剥奪し企業に貢ぐ以外なんであろうか。そもそも政権を担当したこの長きにわたる期間で、「何とかノミクス」を馬鹿の一つおぼえのように自慢していたが経済回復は一向に見られない。格差社会に目をつぶり、地方の疲弊にも手を打たない。貧困問題の一つのあらわれである、「子ども食堂」

の全国的な増加といったことなどに対する、彼の無関心さはいかがなものであろうか。

そう。安倍首相には国民（高級官僚から一般人にいたるまで）の生活や幸せといったことに対する関心などは一切ないのだ。少子高齢化で日本の人口構成が「棺桶型」になって、おそらくにっちもさっちもいかなくなることが見えているのに、ほとんど将来に向けての手が打たれない。「権力（者）に求められるのは権力の非情さとそれゆえに人を包み込む情け」の双方がなければならないのに、彼にはこれがまったく欠落している。

己の関心事だけにしがみつき、周囲の取り巻きや縁故者でかためるネポティズムにおちいり（だから「半径三メートル」の政治と陰で揶揄されるのだ）、しゃにむに一強体制を築くことにのみ集中し、それ以外は無関心。これでは「寒心にたえない」と言う以外、何と言おう。また人間としての「清廉さや潔さ」「謙虚さ」がないと感じるのは私だけだろうか。

幕末、佐藤一斎のもとに学び同門の佐久間象山とともに佐藤門下の二傑と呼ばれた賢人で、備中松山藩（現岡山県高梁市）で傾いた藩の財政を七年でみごと立て直し、住民の生活の安定と誇りを取り戻した山田方谷《ほうこく》（一八〇五〜七七）は、「至誠惻怛《しせいそくだつ》」（誠意を尽くして人を思いやる心）、「士民《しみん》撫育《ぶいく》」（士民を豊かにして藩を富ませる）といった精神で改革を行こなった。こういった先人の爪のアカでも飲んでほしい。

外交にしても、外国には金をばらまいていい顔する以外にどんな成果があったのだろう。拉致問題は手つかずだし、日米地位協定の改定などもおくびにも出さないし、アメリカにこびへつらうことのみに執着している。しかもそのアメリカのトランプ大統領からは、鉄、アルミの関税問題で無視され、日本を貿易問題の「次の標的」にしようと姿勢を強められている始末。これは果たして外交か。

これでは日本という社会の質をどんどん劣化させ、社会的な分断を呼び起こし、殺伐としたグルーミーな雰囲気をことさら増長させているとしか思えない。

そのため社会全般に無力感が広がって来ていることは否定できない。

ことここまで来ると、まさか安倍首相が期待しているのは、北朝鮮が暴発して日本の原発が狙われて、モリもカケもみなすべてゴチャゴチャになることなのか。かのヒトラーが「ドイツがわれと道連れにこの地上から消滅すればいい」と地下壕で叫んで自殺した二の舞いを狙っているのではないだろうか……と一瞬疑いたくもなる。

これ以上多く語る気もないが、私自身は「政治は国民のためにあるべきもの」とは思うが、さりとて政権をにぎった権力は、その美酒に酔いしれてそんな論は簡単に脇にほっとかれる。だから政治は何党が担うにしても、国民にとって「悪さが少ないことが第一義」だと私は考えている。

安倍首相を取り巻く海千山千の自民党議員、意志薄弱な官僚、日本会議や大企業などの力、それに「彼以外にこの困難な状況下でものごとを動かせる人間がいるか」といった一部中高年や若者たちからの熱烈な安倍首相支持は、絶対にあなどれない。しかも水面下での悪魔のような見事な小細工は他の者をして追随を許さない。またその言葉の言い変えはマジシャンのようなしたたかさを持っている。それにウソを言っても恥じない。まさに『嘘つきは安倍晋三の始まり』（「週刊文春」平成三十年六月七日号）である。

例によって口から出る言葉は心にもない「誠心誠意、ことにあたります」だし、「一億総○○時代」「女性総活躍社会」「働き方改革」などと、耳に心地よいキャッチフレーズと平成三十年の北海道大地震対策費用の負担発言など、「視点の誘導」によって「やってる感」をうまく醸成しているので、彼自身の命運はそう簡単には尽きないことも事実だろう。そして宿願の課題（首相の関心事・憲法改正）を、彼はこなしていくのであろうか。

都合の悪いことは論点をずらし、ご飯論法でくぐり抜け政権持続だけにこだわるのだろうか。平成三十年九月の総裁選に勝ち、ますます独善的な姿勢を保ちながら国民を視野に入れない「独裁政治」に陥っていくのであろうか。

だから今やわれわれは一人一人の「言」と「動」を持って、それぞれのやり方で、「NO」ならば「NOと言う意思表示」をし続けなければならないと心の底から思う。過日東洋文庫で「悪人か、ヒーローか」展（二〇一八年六月〜九月）を見たが、日本で平清盛、織田信長、石川五右衛門らの最後を飾るのは間違いなく安倍晋三だ。同行の大粋人《すいじん》・酒上綾町《さけのうえのあやまち》氏などは、「続投《ぞくとう》と声明出せど安倍麻生　トウゾクとしかもはや聞こえぬ」との句を早速披露していたが、さもありなんである。

ここで私の戦争と国の姿勢に対する考え方を手短にまとめてみる。

●世界歴史の中で戦争が戦争を止めた例は無い。憎しみは憎しみを呼び、戦争は戦争を生む。

●憲法第9条を絶対の平和を守るものと認識するということは、「正当防衛に対しても武器の使用はしない」と言うくらいの確固たる信念や認識を国民が持ち、世界に対して常に表明し続けるべきこと。

●武器・軍隊を持たないことが平和維持に繋がることに国民は確信を持つこと。

●現憲法の改正はしない。する場合は十年、二十年かけて論議を尽くしてやる。

●日本の自衛隊は災害救助や（国内外の）困窮支援を目的とするべきこと。

●そんな丸腰で国は守れないと言う声に対しては（今次の大戦でやった日本の中国、韓国、北朝鮮への侵略を率直に反省しながら）、外交の力で「相互の友好・互恵」関係を築くことに集中すること。それこそ日本の文化（得意な科学技術を含む）中心にすえた「相手国への敬意と親しみを持ってお互いに益する外交を展開し」ていくこと。

●またメディアにたいしてはこう考える。二〇一五年夏、集団的自衛行使容認の合憲性をめぐり、日本の憲法学者の見解は違憲九対合憲一程度にわかれていたが、メディアは議論の質と比率をみてきちんと報ずべきであった。そうしないと国民のリテラシー（理解する力）がどこまでいっても育たない。国の命運は最後は国民一般の知的誠実さにかかわるのであるから、メディアは世論をリードする気魄を持つこと。

●それと現政権にはウソや虚偽が多すぎる。ウソは周囲を巻き込み多くを不幸にし、果ては国民を不幸にしていくだけだ。メディアはそこを絶対にあいまいにしないこと。

要するに国民が自国の平和を信じ誇れるようになれば、外から戦争は絶対にしかけられない。国の予算も教育、科学技術、文化、若者、少子化対策、災害対策の助成にシフトさせて、「国民本位」の政治にしてゆくべきだと私は考える。

政治随想

ある政治家の死をめぐって

忘れがたい事件がある。

平成六年に起こった「松本サリン事件」という他殺事件だった。オウム真理教によって行われたものだったが、事件直後に疑いをかけられたのが、第一通報者の河野義行さんだった。彼がどんなに否定しようが、マスコミは彼に嫌疑をかけた。近隣の人々も彼こそうさんくさく、殺人までもやりかねない人間だといった目で見ていた。社会一般も彼のしわざだと思い込んでしまった。その事件を今振りかえってみると、河野さんの常日頃の行いや人柄からして、彼が犯人だなんてあり得ないことだった。やがて事件の真相が明らかになり、彼の潔白は証明された。当然マスコミは謝罪したが、政府は十分に謝罪や反省をしていなかった。そんな中で自治相で国家公安委員長としてオウム真理教事件の国家捜査の陣頭指揮にあたった自民党の野中広務氏が、個人として心から自分たちの非を認め謝罪した。彼の真摯《しんし》な人間性が印象に残るシーンだった。

野中氏は昨年の平成三十年一月二十六日、京都市内の病院で九十二歳で死去した。彼は大正十四年京都府船井郡園部町で生まれ、町長、京都府議、府副知事を経て、昭和五十八年に自民党公認として衆院に五十七歳で初当選。田中派を割った竹下登に師事し、村山自社さ連立政権で先ほどのオウムの事件に遭遇したのだ。

その後官房長官、自民党幹事長を歴任して、自民党の重鎮として平成二十五年に政界を引退した。政治家としての彼は腕力にすぐれ、「政界の狙撃手」と異名を取るくらいの実力者であったが、あまりある、ある種の才気による立ち居振る舞いには辟易する部分無きにしもあらずで、私個人としては好きなタイプの政治家ではなかった。

だが、小泉前首相のあのポピュリズムの政治手法を批判し続け、小泉再選の折には衆院選に出馬せず政界を引退した。その後印象に残ることは、平成二十六年の安倍政権下の参院の統治機構調査会に参考人として出席した際、自民党が国会に圧倒的多数を占める中で、「議会制民主主義が危険な状態にある。誤った道を歩みつつある」と批判したことだ。以降解釈憲法による集団自衛権の行使容認や曖昧模糊《あいまいもこ》とした「共謀罪」法案を進める安倍政権には苦言を呈し続け、憲法改正に反対する考えを積極的に発信していた。

晩年の彼の心中にあったものは何だったのだろう。マスコミが伝えているように、彼自身は軍隊に招集された経験から、「ハト派」として弱者への配慮とこころくばりから出る言動を取り続けたのだろう。自民党額賀派（平成研究会、旧経世会）三十周年会合に出席して、「私みたいに戦争に行き、死なずに帰って来た人間としては、再び戦争になるような道を歩むべきではない」と強調して、憲法9条に自衛隊の存在を明記する自民党改正案に反対を唱えていた。政治の根幹を支える「あるべき平和」へのゆらぎを憂いたがためであろうし、国民を思いやる「情け」が彼のこころを動かしていたのであろう。

かつて渡辺白泉（一九一三〜六九）という歌人が、太平洋戦争の起こる直前にこんな句を作っている。

戦争が廊下の奥にたってゐた

戦争は戦場だけにあるのではない。戦争をさせている元凶は、今この廊下の奥で会議している政府の首脳部たちなのだ。機密の漏洩を恐れ、会議室の周辺に人を立たせ廊下を通行止めにしている。多分そういうケースを目撃して、それに触発されて作られた句なのだ。再び戦争に巻き込まれて行く言動を日本のトップがしてはならない。かつて自民党内に存在した後藤田正晴、橋本龍太郎、小沢一郎といったハト派も消滅してしまったかのような現在、「それではならぬ」というのが彼の政治家としての本音なのだろう。切歯扼腕《せっしやくわん》しながら野中氏は死を迎えたことであろう。彼のような骨太の政治家がほとんど払底してしまった現在、日本の政治はどのようになっていくのだろうか。

公文書の焼却

昭和四十二年、東宝創立三十五周年記念に作られた映画に『日本のいちばん長い日』というのがある。八月十五日の太平洋戦争終結の一日を、オールスターで再現した岡本喜八監督の作品である。

八月十四日正午、宮城内地下防空壕の御前会議での昭和天皇のポツダム宣言受託の決定をめぐって、鈴木貫太郎首相の淡々としたポツダム宣言受託への誘導、本土決戦を胸中に秘めながらも昭和天皇の御心に従う阿南陸相の自刃の覚悟と実行、宣言受託を巡る陸軍省内部の一部青年将校による天皇を擁しての反乱計画、玉音放送の準備に大わらわの宮内省とＮＨＫ受託反対の青年将校の玉音奪還行為、徹底抗戦を叫ぶ航空基地、公文書の焼却指示……日本のいちばん長い「二十四時間」を緊迫感たっぷりにして見せた映画だった。

見せ場の多い映画だったが、私がその中で印象に残ったシーンは敗戦が決定的になるに従い行った、内務省官僚や陸軍による公文書の焼却行為だった。戦争犯罪にかかわるものは全部焼けということで、焼いても焼いても焼き尽くせない書類の山が焼却の場に運び込まれた。連合国側に知られると都合の悪い書類一切を隠滅するためだ。

しかし、この焼却行為はどんなにわが国のその後の国づくりを妨げたことだろう。都合の悪いことも含めてその後に生かすべきことを、隠滅という行為によって妨害したのだ。つまりは反省と責任の明確化が不明になる。だから戦後の日本は自らの戦争実態、例えば他国への侵略や住民虐殺や他国に行った施政のほとんどが不明のままであり、自らの戦争責任を明確にできないまま来てしまっている。中国の南京虐殺を始め、韓国の今なお問題視されている慰安婦問題、これからも問題視される韓国人の徴用労働者問題と、火種がきちんと整理できないままなのだ。

それらの「証拠隠滅」の考えは、今もってえんえんと続いている。昨年来、国会でやり玉に上った森友学園問題しかり、加計学園問題しかり、自衛隊の海外派遣日報問題しかりである。責任者不明のまま権力への忖度に励むこの国の形は、あまりにも情けないし、さもしいかぎりだ。

原作者の半藤一利の『日本のいちばん長い日』の最後の部分にはこう記されていた。「市ヶ谷台上には、なお白日のもと機密書類を焼く煙が高く立昇っている。それらは過去を葬っているにひとしかった。すべてが消えて空しくなっていくであろう。しかし、新しい日本国まで死んではならなかった」

情報公開以前に公文書を残すということによるよきにつけ悪しきにつけ「人類の歴史」を尊重する思想が大事なのだ。例えばアメリカのニクソンまで、四代の大統領にわたって不利なベトナム戦争を国民にそうではないと言い続けたことの反証になった国家機密文書に対し、真実の隠蔽を憂えた政府高官やニューヨークタイムズ、ワシントンポストなどの記者が身体をはって公にしたという事実がかつてあった。それを描いたアメリカ映画『ペンタゴン・ペーパーズ』（平成三十年春公開）を見ても、そこにあるものは「巨大な代償を払うことになっても、人は国家の真実を明かすために声を上げるべき」という主張であり、これは民主主義の成熟には絶対必要なのだと思う。だから新聞の記事は「歴史書の最初の草稿」と胸をはる新聞社女性オーナーの言葉がわれわれの胸に響くのだ。「歴史に証言」する責任意識を日本の政治家から官僚まで、再確認する義務がある。

ユニークな国　日本

日本は再び経済大国にはなり得ない。右肩上がりの経済成長などとっくに終了してしまった。人口減は壮絶なスピードで進行しているし、若者の減少と労働に対する意欲も徐々に落ちている。今更グローバリズムにしがみついても格差がどんどん開くだけで、日本の場合は「死にいたる病」といわれている。どう考えても今のままでいくと経済力は下がる。

一方、政治大国たらんとしても所詮《しょせん》無理だ。戦後一度として政治的に秀でたことなどない。これからもあり得ない。何より日本がアメリカ追従をやっている限り無理だし、少なくとも日本の外交防衛で、「アーミテージ＝ナイ報告」に書かれているようなアメリカからの要求に従う限りその可能性はない。

「アーミテージ＝ナイ報告」とは、リチャード・アーミテージ（ブッシュ政権国防次官補）とジョセフ・ナイ（クリントン政権国防次官補）が、日本の親米保持と提携しながら、三度にわたり（平成十二年、十九年、二十四年）出してきたもので、一貫して軍事的な対米協力体制の確立を求めたものだ。

「集団自衛権行使解禁」と「国連常任国入り」を言いつのられ、特に第三次報告では「日本は一流国家であり続けたいのか、それとも二流国家に成り下がっても構わないか」と迫り、日本が一流国家であるための条件として原発再稼働、防衛機密保護法制定、TPP参加、PKOでも武器使用制限の見直しなど事こまかに要望が並んでいたのだ。

しかも「日本国民と政府が二流のステータスに甘んじるならこの報告書は不要であろう」と恫喝《どうかつ》から始まっている。そんなおどしに縮み上がっている国が、どうして一流国として世界各国から尊敬されるのだろう。かの常任理事国入り問題もほとんどの国から無視されているのではないか。

話が前後するが経済面でのアメリカの要求「年次改革要望書」も、日本の独自性を無視したものだった。こちらは平成五年（一九九三）に自民党の宮沢首相がクリントン大統領にのませられたもので、国際経済上で日本の存在がうるさくなるにつれ、日本をコントロールするために毎年課題を突きつけ、その履行を迫ってくるものだ。「NTTに独占禁止法を適用できるようにしろ」「郵政公社の民営化計画で外資系保険会社に意見を言わせろ」「裁判員制度を取り入れろ」「医薬分業をしろ」など。農業、自動車、流通、金融、弁護士制度をアメリカの言いたい放題に言われ、その履行が義務づけられてきている。

そんな「対米従属を通じて政治大国」にならんとしている間は、誰からも相手にされないだろう。だからそんなことはもう止めてしまったらどうだろうか。

ここで思い出すのは戦前からリベラルな言動を展開し、戦後は政界に転出して首相にもなった石橋湛山（一八八四〜一九七三）だ。明治中期以降、大正、昭和と帝国主義蔓延《まんえん》の時代に東洋経済新報社を基盤に「シベリア出兵は無益」「満州放棄」「軍備縮小」を中心に、終始領土拡大主義反対の論陣を張った。

日本に対する五・四運動（一九一九年パリ平和会議で中国の要求がとおらなかったうえ、二十一カ条要求をのんだことに対して起こったデモ、特に日本に怒って中国革命史上新民主主義革命への端緒をひらいた画期的な事件）以降、一九二〇年代を通じて中国ナショナリズム運動が勃興してきた時にも、彼らの革命運動と民主主義運動を「中国国民、特に若い人々の国民的自覚に根差した運動」と解釈して石橋は理解をしめしていた。そして「中国を尊敬すべき」と彼は説いていた。彼の信念は、「国土が小さくてもやり方次第で幸せな国づくりはできる」の一語につきるのだ。

日本もこれから親米・反中の政治大国路線など、徐々に止めていったらどうだろう。そして戦争もできる普通の国ではなく、従来どおり戦争をしない独自な国を守り続けていくべきだ。ここらへんは国民的作家・司馬遼太郎の「特殊な国」論に似てくる。「外の国を攻める軍備も交戦権も放棄している憲法――おかしな国、特殊な国ですよ。その中で日本は希望を持ち、懸命にやってきたから今がある。日本には優れた文化（と協調性）がある。その特殊さと文化を生かし、世界を平和に導く」と述べた彼の言葉は貴重である。これからますます有効であるというべきだろう。それは決して「戦後レジーム」からの脱却」ではなく、特殊な国だからこそできた戦後の平和な日本を維持することに、みなの智恵を出すべきなのである。

と、書いてきたところで、アメリカの未来学者ローレンス・トーブが書いた『3つの原理』（ダイヤモンド社）を思い出した。彼は先進国では、EUに次いでアメリカとロシアとカナダと北欧諸国が形成する「北極圏」が二十一世紀中にできると予測している。そして東アジア共同体として中国、台湾、マカオ、日本、韓国、北朝鮮がいずれ地域ブロック「儒教圏」を形成すると予測している。これら各国が儒教で結ばれるかは別にして、司馬の言うようにアジアに共通してある「民族としての優しい協調性」をその語に込めているのであろう。もちろん、現在はどのアジアの国も気まずい関係下にある。だが歴史はドイツとフランスのような歴史上気まずい関係にあった国が現在、手を携えてEUを引っぱっている。この「気まずい共存」が二十一世紀の時代にはぴったりくる共存関係だと言われれば、それもあり得ると言うべきだろう。

日本はいつまでもアメリカ、アメリカでなく（そのアメリカだっていつソ連と手をむすんでしまうかもしれない）、そろそろアジアに目をむけていくべき時だろう。軍備についても丸腰論が絶対にいいとは言えないけれど、少なくとも対外的に戦争をしない独自国日本であれば、攻めようがない。むしろ手持ちの「人的資源」と「文化」の力で、ますますユニークな世界貢献をしながら近隣との友好関係を築いていくことに、なんの躊躇《ちゅうちょ》があるのだろうか。

果ては総統

『『総統府』ってコトバが、ニュースなんかで出てくることが、ときどきあるでしょう」と、母が言い出したことがある。「……する方針を内閣が決定しました。総統府もこれに同意します」とか、「政府は議会の解散、総選挙を来春に行いたい意向で、総統府もこれに同意する見通しです」

――これは二〇四五年の日本を描いた黒川創の小説『岩場の上から』（新潮社二〇一七年）の一部分である。舞台は使用済み核燃料の最終処分場と噂されている北関東の町「院加」。登場人物は高校を中退して全国放浪中のシンで、院加にたどりつき平和運動グループと出会い、その世話により住みつくことになる。そこで旧石器時代の「岩宿遺跡」に近い所で、考古学の発掘作業のアルバイトにつく。

町の山中には「陸軍」の基地があり、若者たちが海外の戦争に送り込まれているらしい。ただし「戦争」と言えば捕まるので、「積極的平和維持活動」といっているが、そう言わない者を四六時中警察が監視している。憲法の表現の自由を訴える者に対して、刑事たちは「あるわけないじゃねえか、そんなもん、非国民」と言って袋だたきにする。

冒頭の会話に出てくる「総統府」の話はシンの母親が息子に語ったものだ。しかもインテリゲンチャの母親は、総統にねらいをつけて彼がどこに住んでいるのかを探るために首相官邸にしのび込み、ついに彼に会ってしまう。総統こそ長期政権を誇り、憲法を骨抜きにした「元首相」その人だった。妻と二人で首相官邸の地下で暮らしており、政府や官邸にいちいち指示承認を出しているのだ。シンの母親は住居侵入罪でその後罪に問われ服役し、出獄後には何者かに高所から突き落とされて死亡。

今から二十年後の日本を描いたディストピア（暗黒世界）であるのだが、作者は「そうでない。既に今がディストピアでしょう」「事実かウソか問題にならず、感情や気分でアメリカの大統領が決まってしまう昨今、トランプが勝って世界が変わったなんていうのはもう遅いわけですよ」、安倍首相はアメリカ人そのものが「アメリカンファースト」を叫ぶトランプを、心の中で歓迎し彼に従うことを決めていたのかもしれない。まさに国際的な判断から小さい身辺雑事まで、今や変容を来たしているようだ。本の中にもあったように「監視カメラを防犯カメラ」と言いかえれば安心し、すっかり信頼して権力に抑圧されたがっているような今の世相と地続きなのだ。

まさに日本も「国民に主権があるのが、おかしい！」と言わんばかりの危険水域に達してしまっている。まさにあの人の関心事には国民主権などという目ざわりなものは眼中に無くなっているのだ。弱いと見れば野党を徹底して無視し、官僚の存在を矮小化《わいしょうか》させて、果ては総統というところまで小説家に連想される。かつて満州国の官僚として辣腕《らつわん》を振るい、戦後A級戦犯の網をかいくぐって首相にまでのぼりつめ、かの六十年安保闘争で退陣したとはいえ「昭和の妖怪」といわれた祖父・岸信介の手法をそっくり引き継いでいるのだろうか。

本に描かれたように国民を抑圧するような「総統」が誕生しないことを、一人の人間として最低限願うばかりだ。

第五章　エッセイ

世の中は憂いごとばかりでないはずだが、ここ数年は社会全体が無気力ムードであまり心から楽しめない。「ポイント・オブ・ノー・リターン」というような「引き返し不能地点」に日本という国がさしかかってしまったのか。将棋の藤井聡太、フィギュアスケートの羽生結弦、野球の大谷翔平など若くても人間的に優れた人達が続々出て来ている。彼等若手に次代を托すことができるというのが、去りゆく私の希望といえば希望なのかも知れない。

追悼！　金子兜太《とうた》

苛酷な戦争体験――海軍中尉として爆撃や飢えで部下が次々に死んでいった悲惨な目に遭い、心底平和を望んだ金子兜太氏が、昨年の平成三十年二月二十日、九十八歳で白寿を前にして亡くなった。

平和といっても世間で言うような表面的な平和ではない。補給線が切れた終戦直後に餓死者が続出し、苦しい捕虜生活を経ての絞り出すような、それこそ血のにじむ思いの平和である。

水脈《みお》の果て炎天の墓碑を置きて去る

引き揚げの艦上から万感の思いで読んだ代表句だ。生き残った者の罪責感がひしひしと伝わってくる。東京帝国大学を卒業後に入社した日本銀行を辞めて、「豊かになるなら戦争も悪いことだけじゃない」と豪語して、志願して赴いたミクロネシア・トラック諸島で数多くの仲間の死に会い、血気盛んな自分に自己嫌悪を抱いた。

死に骨は海に捨つべし沢庵噛む

餓死してゆく戦友から散骨を頼まれたことがあった。当時はごちそうであった沢庵を噛みしめ、その無念に報いるために自らをはげました。

墓地も焼跡蝉肉片のごと樹樹に

食料を奪い尽くし傲慢さを一方的に突きつけた地元民に、墓碑の建設を托した。このことは帰国後思い出すだけで彼のこころが傷んだはずだ。

彼の戦争の記憶に根ざす反戦の気持ちは終生変わらなかった。だから八十歳を過ぎてから「立禅」を日課にしたのだ。戦死した仲間、知人、恩師、先輩、それに肉親の名を次々にこころの中で唱えるのだ。その数百人以上、そうするとその人々が自分の中で生きかえる。これを行うと、その日の暮らしが豊かになった。二〇一五年の夏、戦争と俳句をテーマにした雑誌の対談で彼は、「戦争を語ることがワタシの唯一の使命だと思っています。もっとリアルにもっと厳しいものだということを皆さんに伝えておきたい」と語っていた。その年四月、北陸新幹線開通を記念した「NHK学園　生涯学習フェスティバル」の金沢市俳句大会には、黒田杏子を聞き手に選び、「私の人生、やれることはたかが知れています。トラック島での戦場体験を具体的に事実に即してわかりやすく皆さんに話してゆきたい。戦争がいかに悲惨なものか。人間にとって、平和以上の幸福はないのだと語り継いでゆきます」と述べた。憲法改正を目指す安倍首相の手法についても、「ああいうやり方は嫌いですな。やるならば正々堂々と国民に問えばいい。なぜ、避けるのか。政治家として小さい」

晩年、よく口にしたのが「荒凡夫」。その意味は「自由に煩悩のまま生きる平凡な人間。人に迷惑をかけることなく、野性のままに生きてみたい」だった。

現実の社会を見据えた句作と生き様は一貫しており、特に反戦、平和への思いは一入《ひとしお》だった。こういった一連の思いが、安全保障関連法案に反対するデモが広がった時、参加者が手にした「アベ政治を許さない」の揮毫《きごう》につながり、反対集会の旗印になったのだろう。

一俳人の存在が、戦争反対・平和希求の象徴的存在として政治に波及したのは異例のことであったろう。飯田龍太・森澄雄とともに現代俳句の指導者的な存在として活躍し、特に前衛俳句の面で山本健吉や中村草田男《くさたお》などの伝統派と論争を展開し、現代俳句の幅を大きく広げたのが彼、金子兜太だった。「現代の高齢化の中で、活発に作品を発表し、高齢者の俳句の道をも開いた。金子兜太とはまさしく存在そのものが俳句だったのだ」と、『俳句界』の追悼特集頁のリード文そのものが、巨星墜《お》つの追悼にふさわしいものだったといえる。

追って、生前最後に作った句が自ら主宰した俳誌『海程』四月号に九句掲載されていた。

陽の柔わら歩ききれない遠い家

平成二十九年一月上旬に体調を崩して入院し、退院再入院と熊谷市の自宅と高齢者施設を行き来した。九句は退院中の期間に詠んだものだ。B５版の原稿用紙に整然と書かれていたとのこと。亡くなる間際まで現役俳人として日常を見つめていた。

『日本の保守思想』――伝統への賛辞

（西部邁《すすむ》　角川春樹事務所　二〇一二年）

これまた昨年の平成三十年一月、評論家・西部邁が多摩川で入水自殺をした。保守派の論客として知られ社会経済学者の西部は大学院で経済学修士課程を専攻、横浜国立大学を経て東京大学教養学部助教授、昭和六十三年に中沢新一を東大に迎える教授会での採決が否決され、それに抗議して東大を辞任。その後は主に評論活動を続け、真正保守主義思想を標榜する言論月刊誌『発言者』を刊行、廃刊後は隔月刊誌『表現者』の顧問などを務めた。

その彼が作家・夏目漱石始め十三人を紹介したのが、この本『日本の保守思想』である。もともとは一九九一年に世界文化社から出た単行本『思想史の相貌—近代日本の思想家たち』の改題発行である。その中でもっとも「保守主義の真髄」として高く評価したのが、評論家であり劇作家の福田恆存《つねあり》（一九一二〜九四）であった。

ずばり西部がこの本で書きたかったことは、福田の思想「『自己主張と自己抑制、陽光の澄明と湿地帯の暗鬱《あんうつ》、型作ろうとする善意と毀そうとする悪意、空間的な確実さと時間的な不安定』に堪えるということである」「一本の綱のうえでじっと留まっていると転落することは必定でそれを避けるには前進しかないのに似ている（中略）平衡術の中心には歴史をつうじて運ばれしものがある。つまり伝統である」への賛辞と同調表明であった。

その後、死ぬ直前まで彼が語っていた保守論を政治思想にあてはめるとこうなる。一つ、人間は道徳的にも認識的にも不完全性をまぬかれないのだから、自分が思い描く理想だけで変革すると取り返しがつかなくなるという思想を持つこと。二つ、国家は有機体のようなものだから、成長したり衰退したりする。そこに人工的な大改革を加えると有機体が傷ついてしまう。三つ、改革はおおむね漸進的であらねばならない。合理的に説明できないからといって破壊的な社会改革はすべきでない。伝統の精神を守る限りにおいて一歩一歩、少しずつ改革すべきなのだ。一本の棒がバランスを取る役目を担ってくれる。保守はそれを伝統と呼ぶ。

したがって西部の不満は現今の政治が陥っている「昔の保守政治家には相矛盾した二つをギリギリでつなげる微妙で繊細な語彙《ごい》、ユーモアがあった。今はそれがなくなり、ただ乱暴な言葉と自分たちの主張に対する執心だけだ」の一点に凝集する。

最後の著作『保守の真髄　老酔狂で語る文明の紊乱《びんらん》』（講談社現代新書二〇一七年）で西部は「死に方は生き方の総仕上げ」として、世界随一の最長寿国日本人が本人の死に方を真剣に考えないことを嘆き、自らの身を死に投げ打った。長く介護した妻に三年前に先立たれ、生きていくことの意義を失い、前夜まで娘に自分の死を説得し続け、納得の上での自裁死だったようだ。

この西部は一九六〇年の日米安保闘争時には、東大教養学部自治会委員長を経て全学連の中央執行委員として、「安保反対」の先頭に立ち旗を振った人物。しかも私の同学年で、彼の名を知ったのはまさにその安保闘争時だった。その彼が早くも一九六一年に左翼過激派と訣別《けつべつ》したということを聞き、その旗振りによって仲間とともに闘争の一端に参加した者としては、なんとも解せない感情が当時から残っていた。なお彼自身は一九七二年の連合赤軍による榛名山の集団リンチ殺人事件を目にして、かつて左翼に共感したことへの道徳的反省をしたとのことだ。この見切りの早さにびっくりしたものだ。

だが、アメリカを徹底して嫌い、自民党や安倍首相にも近づかなかった彼は、今思えば右翼でも左翼でもなく、この現実社会の虚構や偽善を知的にも感情的にも見過ごすことができない、きわめてヒューマンな立場に立っていた人物であったのではないかと考えると、彼の言行は腑《ふ》に落ちる。

図書雑感

1、『私が愛した渥美清』――寅さんに己の生命を賭けて

（秋野太作　光文社　二〇一七年）

われらが寅さん映画が作られ始めたのが昭和四十四年。寅さんこと渥美清が六十八歳で世を去ってから二十年余、あれから世界は激変しているのだが、寅さん人気はいつまでたっても衰えない。第一作から五十年を迎える二〇一九年の今年などは、監督・山田洋次、主演・故渥美清のままシリーズ作品を公開するという。

その間にどれだけ寅さんに関する多数の本が出版されたことだろうか。誰がどのように書こうがどの本も楽しい。なかでも今回紹介したいのは『男はつらいよ』全四十八本の寅さんシリーズの第一回に出演して以来、テキ屋家稼業で全国を旅する寅さんを「アニキ」と呼ぶ舎弟「のぼる」を演じて、都合七本に出ていた秋野太作（七十四歳）が書いた本でこれまた楽しい。題して『私が愛した渥美清』だ。

だがこの本は従来の「寅さん」本と違い、俳優としての渥美清がいかに優れていたか、人間としてどのような人物であったかに、ぎりぎりまで迫っていて、彼の壮絶な生を浮き彫りにし

ている。

もともと映画『男はつらいよ』は、前年の昭和四十三年にテレビの連続ドラマとして放映されたもので、そこで渥美と初共演したのが秋野だ。彼は言う。テレビの二十六作のほうが、「映画よりはるかに面白かった」と。だからか、この本はテレビの『男はつらいよ』の話が圧倒的に多い。

例えばテレビ撮影で二人で池に落っこちるシーンがあり、それが汚い池でずぶぬれになったので一緒に風呂に入ると、ギョッとした。「後に知られ有名になった、彼の手術の後の……傷跡だった。胸の上、中央部から始まり、斜めに下がって、右のわき腹に抜け、またズルリと背中の後ろ側に這い上がって、背面上部でやっと止まっていた。切れないノコギリで無理に引いて残ったベニヤ板の痕跡のように（中略）二つに裂けた肉体を無理矢理に再び縫ってつなげたかのようだった」

また秋野はバクチが大好きな生意気な学生という役で渥美にからむシーンがあったが、演技がギクシャクとしてどうしてもうまくいかない。すると渥美が誰に言うともなく不思議な声を発したのだ。「テキドノォ〜、センスト〜ォ、リカイリョクヲ〜、モッテ〜エ、ナガレルヨウニィ〜、ナガレルヨウニィ〜」（中略）途端に、私たちの演技が、上手く運んだ。本番は上手く「流れた」。

もともと渥美の「バカ話」が、山田洋次監督に取りあげられ、かの有名な「わたくしィ、生まれも育ちも葛飾柴又です。帝釈天で産湯を使い――」になっていったのだが、テレビがあたり、映画があたり、彼はそれから「寅さん」以外にも『幸福の黄色いハンカチ』『八つ墓村』など大車輪で映画に出続けたが、いつしか気づけば渥美清の寅次郎か、寅次郎の渥美清か――と言われるようになったのだ。「こればかりは、そう言われても、答えようがありません。そんなふうにして鞍馬天狗を見、怪人二十面相を見てきたんですもの。それで、いいじゃァありませんか」と彼はどこかで述べていた。

ところで秋野はこの本の出版が機縁で、平成三十年二月五日の毎日新聞夕刊「特集ワイド」に「誕生から半世紀―『寅さん』は終わらない」というタイトルで取り上げられていた。この記事はことのほか面白かった。そして意外にも後半には戦争の話が展開されていた。秋野は昭和十八年に東京の下町で生まれたので、脳裏に残る原風景は焼け野原、食べ物や着る物のない幼少時代を生きた。

「だから、焼け野原に戻してはいけない。憲法9条を変えようという主張がありますが、僕は9条の通り無防備の国を作ったらいいと思います。一度も試したことがないんだから。周辺国が安心するか、それとも図に乗ってせめてくるか。案外、平和になるかもしれないよ」

映画はバブル崩壊後の平成七年（一九九五）、二十六年間の四十八作で幕を閉じたわけだが、「寅さんがスタートした時、経済は右肩上がりで終身雇用の時代です。頑張れば報われた。映画でも登場人物たちはバリバリは働いていましたね」。ところが、今は格差の時代。「戦後、日本が発展したのは、みんなが頑張ったからです。一人の力では復興を成し遂げられなかった。現代の人たちはそれを忘れ、金を持っていたり、力を持っていたりする人のエゴがまかり通っている。お金を還元させて誰もが報われる社会をもう一度作らなければなりません」

秋野は寅さん人気が続くのは作品に「幸せになりたい」という単純なメッセージが込められているからだと言い切った。なるほど「寅さん」の『男はつらいよ』には己の「生命」の終わりを自覚していた渥美の精魂込めた、「生きていることの幸せ」と「感謝」の気持ちが込められているのだ。それが時代を超えて人の世の、つまり社会の力になっているのだろう。秋野が共演者として書きたかったのは「私が愛した寅さん」でなく、まさしく「渥美清」だったのだ。

2、『漫画　君たちはどう生きるか』――人間は本来、人間同士調和して生きてゆくべき

（吉野源三郎著・羽賀翔一漫画　マガジンハウス　二〇一七年）

平成三十年二月初め『君たちはどう生きるか』五十万部、『漫画　君たちはどう生きるか』二百万部と、計二百五十万部の大ヒットをとばしているこの書は、立派な人間を目指して走り続けるコペル君（潤一）とおじさんの物語であり、全国の中学・高校の先生方の支援を受けてまだまだ版を伸ばしそうである。

銀座のデパートの屋上から見える雨粒くらいの人の姿を見て、中学生の潤一は「人間は分子」みたいなものであることを発見する。すると一緒にいた叔父さんがこうノートに記してくれた。

「君が『ほんとうに人間って分子なのかも』と言ったとき、君は、自分で気づかなかったが、ずいぶん本気だった。君の顔はほんとうに美しく見えた。しかし、僕が感動したのは、それればかりではない。ああいう事柄について、君が本気になって考えるようになったのか、と思ったら、僕はたいへん心を動かされたのだ」

「君が広い世の中の一分子として自分を見たということは、決して小さな発見ではない」「人間が自分を中心としてものを見たり、考えたりしたがる性質というものは根深く、頑固なものなのだ」「だから今日、君がしみじみと、自分を広い広い世の中の一分子だと感じたということはほんとうに大きなことだと僕は思う」

コペルニクス風の考えに気づいた潤一と叔父さんの心の交流が、ここからはじまり、やがて友達を裏切ってしまった出来事や失敗に対しての叔父さんの励ましや教示によって、潤一の成長が語られていくことになる。

岩波書店では長く読まれてきた同書の文庫版が、漱石の『こころ』など名作中の名作本の歴代七位の発行部数になったと発表した。この本の素晴らしさは、後半に展開される人間のあり方の考えである。

「人間が本来、人間同士調和して生きてゆくべきものでないならば、どうして人間はじぶんたちの不調和を苦しいものと感じることができよう。お互いに愛しあい、お互いに好意をつくしあって生きてゆくべきものなのに、憎しみあったり、敵対しあったりしなければいられないから、人間はそのことを不幸と感じ、そのために苦しむのだ」

最後のところの漫画のふきだしには、こういう潤一の言葉でしめくくられている。「こんなことを考えた」「世の中を回している中心なんて」「もしかしたらないのかもしれない」「誰かのためにっていう」「小さな意志が」「ひとつひとつながって」「僕たちの生きる世界は」「動いている」「あの日の屋上で」「なんだか世界の中に溶けて消えてしまいそうなへんな気持ちになったけど」「でも今は」「しっかり飛び込んでいける予感がするんだ」「コペル君は、こういう考えで生きてゆくようになりました。そして長い長いお話も、ひとまずこれで終わりです。そこで、最後に、みなさんにおたずねしたいと思います——。君たちは、どう生きるか。　吉野源三郎」

吉野源三郎（一八九九〜一九八一）は大学で哲学を学び、岩波書店に入社、戦後ただちに雑誌『世界』を立ち上げ、岩波少年文庫の創設にも尽力した人である。この本は昭和十二年刊で、私の生まれる一年前のものだ。日支事変が起こり、大東亜戦争（第二次世界大戦）勃発の四年前だった。八十年前に比べて平和で自由な世の中になったとはいえ、この本が描いたいじめをはじめ、貧困の問題など今もって事態は変わっていない。だからこそ人間のあり方や自分の力で考えてゆくことの大事さを、大人が後押しすることが、今の時代にも変わらず必要なのだろう。そのことが皆に支持され、読みこまれる由縁なのだろう。

参考までに二〇一八年二月一三日の毎日新聞の社説（部分）に取りあげられたものを記しておこう。この種のものが社説に取りあげられるということも貴重なことだと思うので。

物語には、いじめ、貧困、格差など今の子供たちが悩む問題が取りあげられている。いじめから友達を守るつもりだったコペル君が勇気を出せずに仲間を裏切ってしまい、苦悩する場面には胸が突かれる。（中略）

小説が出版された時代と今の社会状況を重ねて読む人が多いという指摘もある。当時は日本が戦争へと突き進み、社会に閉塞感が強まった時期だ。周囲の空気を読み、そんたくする今と似ているという見方だ。（中略）吉野が最も伝えたかったのは、周りに流されず、自分で考えて行動することだろう。迷える時代の道しるべを多くの人が探している。

社会に一石を投じたこの本から学ぶべきことは多い。

3、『わたしを離さないで』——人間の誇りを問う

（カズオ・イシグロ　早川書房　二〇〇八年）

二〇一七年にノーベル文学賞を受賞した日本生まれのカズオ・イシグロの作品の第六作にあたるものである。この本は徹底して細部まで抑制が利いており、特に少年、少女たちの繊細な感情の変化を冷静に写しながら入念に構成されていて、かつ読者を仰天させる希有な作品でもある。

一九八九年発表の『日の名残り』で英国最大の文学賞であるブッカー賞を受賞して一気に国際的な作家になった彼は、「作家というものはいろんな習慣を身につけてしまうのです。特に、その書き方を世間から称賛されたりした場合にはなおさらです。そういうものを捨てるのは、大変つらいものです。でもそれが間違いのもとで、作家がそれに固執してしまうことは正しいことではないのです」として、以降テーマを変え、書き方を変え、作品の手ざわりまで変えて書く作家であった。

今回の『わたしを離さないで』は、彼の頭の中で醸成された妄想を、精緻な書きぶりで書き切った特異な作品である。人類は遺伝子工学が進歩してクローン人間を造り出した。ヘールシャムにある施設で育った臓器提供のためのクローン人間がどのようになっていったのか。成人した彼らはエミリ先生に問う。

「じゃ、ほんとに何もないんだ。猶予も何も……」

「そう、トミー。そういうものはありません。あなたの人生は、決められたとおりにおわることになります」

「じゃ、エミリ先生、おれたちがやってきた事ってのは、授業から何から全部、いま先生が話してくれたことのためだけにあったんですか。それ以外の理由は何もなかったんですか」

「わかりますよトミー。それじゃチェスの駒と同じだと思っているのでしょう」。「それならば若いルーシー先生は」という声にならない声にこたえてエミリは言う。

「悪い人ではありませんでしたね。ルーシー・ウェンライト先生は。でも、しばらくいるあいだに、いろいろといいはじめたのですよ。生徒たちの意識をもっと高めるべきだ。何が待ちうけているのか、自分が何者か、何のための存在か、ちゃんと教えたほうがいい――。物事をできるだけ完全な形でおしえるべきだと信じていました。それを教えないのは、生徒たちをだますことにほかならない、って」

同席していたエミリの共同者のマダムは「表情を変えず、依然、キャシーの顔を見つめていました。（中略）」そして文中にある次の部分が、人間の尊厳を象徴している。

「――小さな女の子が一人だけ踊っていました。目を閉じて、どこか遠くを漂うように、何か願うように、踊っていました。とても共感を誘う踊りでしたよ。それにあの音楽、あの歌――。歌詞にも胸に響くものがありました。悲しみで一杯のようで」「『わたしを離さないで』という歌です」キャシーは、小声で二、三行分ほど歌いました。「ネバーレットミーゴーオー、ベイビー、ベイビー、わたしを離さないで――」

作者は作家としての想像力をとことん深化させていって、エイリアンが外から来て人類を家畜化するのではなくて、ここでは人類が人類自身を家畜化するという設定で、人類の条件を問いかけ鬼気迫る凄《すご》みをわれわれに突きつけた。しかも人間はいつまでたっても戦争といった過ちを犯しはするが、反省して必ず一歩一歩、よき道を踏み出せるはずだという信念を、逆説的に提起したのだ。その根底にあるものは「人間の誇り」であるはずだということを信じながら。

かつてわれわれが見て驚がくしたアメリカ映画、リドリー・スコット監督の『ブレードランナー』(一九八二年)に写し出されたレプリカントの悲しみと死を思い出した。

第六章　未来を見つめて

平成三十年秋、フリーライターの田村義彦という人が川柳の膨大な作品を調べ『十七字の戦争―川柳誌から見た太平洋戦争と庶民の暮らし―』（かもがわ出版）という本にまとめた。先にプロレタア川柳作家として、鶴彬を紹介したが、川柳には世情を突いた鋭い観察がある。大本営発表の日本軍の勝利を讃える戦果発表など、聞けば聞くほど憂欝になったものだ。その中の一句、

―大戦果　聴けり　無口になりにけり

そして昭和二十年三月十日に、私の住んだ東京・下町は炎に包まれた。

昭和二十年三月十日（3）記録

東京大空襲・戦災資料センター再訪

平成三十年十二月五日、東京大空襲・戦災資料センターを再訪した。この資料センターは東京都江東区北砂一丁目にあり、昭和二十年の大空襲から五十七年目の平成十四年十月に一般公開されたところだ。

館長は早乙女勝元氏で、氏は一般公開よりさかのぼること二十年前から東京都に公立の戦災資料センター建設を要請していたが、財政難という理由で実現する様子もないことに奮起して、それならば民間の力で建設しようと「東京空襲を記録する会」と財団法人「政治経済研究所」を母体にして建設を果たしたものである。幸い用地は戦災被害にあった一篤志家から無償提供がなされ、四千人を超える人たちから一億円の寄付によって完成されたものである。

私がそのセンターを最初に訪れたのは平成二十六年八月十五日で、センターで行われた空襲体験記の話を聞くためだった。翌年の戦後七十年の出版計画の原稿の依頼を受けて、自分の体験をどのように書こうかと迷っていたこともあり、他の人の体験記を拝聴しようと思ったのだ。

東京大空襲・防災資料センター（江東区北砂）

当時六歳であったこともあり、記憶もおぼろであったためにぜひ、私より上の世代の人の話を聞かねばという思いがあった。（私の体験記は翌年の平成二十七年に発行された早乙女勝元監修・戦争体験手記集『あこよつまよ　はらからよ』という本に収録された。本書の「1、東京・下町炎上　昭和二十年三月十日⑴　地獄絵」という文章はそれに加筆修正したもの）。

「何故、マネキン？」

そこで平成二十六年当時、八十三歳のAさんの話に聞き入った。彼女は深川区（現江東区）平井町の家にいた。当時十四歳だった彼女はその日の三月十日、空襲から身をまもるために防空壕に避難したが焼夷弾の火炎がすさまじく、そのままいたら焼け死にするということで、父親の「逃げろ！」という声とともに一家五人は焦熱の街に飛び出したのだ。なんとか家族全員が向島区（現墨田区）のおばさんの家にたどりつき、九死に一生を得たとのことだった。

彼女は夜が明けると家族とともに自宅に駆けつけたが、燃えてしまって跡形もない。その時、ふと自分の学校のことが心配になり、自宅からほんの数分のところにあった「第一東京市立高等女学校」（現東京都立深川高等学校）に一人訪れた。なぜなら学校には近所の人たちや同級生が大勢避難したはずだからだ。

学校は鉄筋の立派な建物だったが、校門をはじめ全焼してしまい無残な姿になり果てていた。誰もいない。シーンとして不気味な感じだったのであわてて引き返し、「近くの川に逃げたのかも知れない」と思いつつ、かつて材木がぎっしりと繋がれていた川に出向いたところ、そこで呆然として立ち尽くしてしまった。材木は燃えてしまって見当たらない。そのかわり人の遺体がぎっしりと詰まっている。しかも目の前に浮かんでいた遺体の中に、礼儀作法を指導していた先生の姿を見たのだ。彼女はあまりのことに立ち尽くす以外に何もできなかったとのこと。

近所の親友はどうしたのかと思いかえし、気を取り直してその家に行ってもそこも全焼。家族を探す人の波の中には、「明治座の方は助かった人がいるらしい」と言う者もいて、その人の流れと一緒に無我夢中で沿道に倒れている多くの大木をかきわけ日本橋区（現中央区）浜町の明治座にたどり着く。「もしや同じクラスの人がいるのではないか」と思ってのことだった。

明治座の扉が大人の手で開けられると、中にはぎっしりとマネキンが並んでいる。「何故、マネキン？」と思ったのは一瞬で、警防団の男の人が一体を引き出すと、そのマネキンの口からどっと血が吐き出され彼女の前に倒れてくる。それはマネキンなどではなく、すべて人間だったのだ。建物に避難したものの強烈な熱風で蒸し焼きにされ、衣服も髪の毛も燃えてしまいあたかもマネキンみたいになっていたのだ。あまりの恐ろしさに、彼女が立ち尽くしたのは言うまでもない。

建物内に避難した人々は超満員の状態で、亡くなった人の数は三百五十人以上にのぼっていたと後々わかったとのことだった。家族のいるところに戻ろうと燃え尽きた自分の家に急いだところ、来る時に道の端々に倒れていた大木と思っていたものが、実は人間の遺体であったこともわかったとのこと。

「またあした　遊ぼうね」

さて、戦災資料センターへの二回目の訪問が先に記したように平成三十年十二月五日で、そこでまたまた貴重なお話をうかがった。同センターに席をおく二瓶《にへい》治代さんからだ。二瓶さんは当時、城東区（現江東区）亀戸駅の近くに住んでおられ、第一亀戸国民学校二学年の時に被災されたとのこと。学校は疎開先の無い居残り組の一、二年生だけだったようで、二月半ば頃から休校になっていたそうだ。そうした中で、卒業式のために六年生が戻って来た。近所は急ににぎやかになり、三月九日は夕方まで近所の友だち五、六人で、学校ごっこや戦争ごっこをしてとても楽しく遊んだとのこと。暗くなり母の「ごはんだよ～」の声で、「じゃーまたあした遊ぼうね」と約束してそれぞれの家に帰って行ったのだが、それが最後となってしまったとのことだ。

確かに資料センター内に掲示されている読売新聞の平成十二年五月十九日の記事に同様な

ことが記されていた。東京大空襲の十数時間前に撮影された江東区富岡一丁目の数矢国民学校（現江東区立数矢小学校）六年生の卒業式の写真が、今もその小学校に大事に保管されているというものだ。その写真も記事とともに掲載されている。卒業式のために疎開先から実家に戻り、六年生の巣立ちの集合写真であるはずなのに、その内半数の子らが十日の大空襲で「命を失っており、大切な遺影になってしまった」という趣旨の記事。見入りながら語る言葉も無かった。

二瓶さんによると三月のその頃は、卒業式のために疎開していた六年生はもちろんのこと、その弟妹たちも親元に戻ったりした家も結構多く、それもあり子どもの被害は甚大になったのではとのこと。同じく縁故疎開していた私の兄二人といえば、四年生と二年生だったために家に帰ることもなく、よもやそのようなことがあったなど今の今まで夢にも思わなかった。

今で言う小学校二年生で二瓶さんは記憶もしっかりしていた。だから彼女の語る三月十日のその夜はすさまじい。冷たい強風が吹き荒れたあの夜、焼夷弾によって人は燃えながら走っていたし、母親の背に負われた子どもは背中で燃えていた。消防車が何台も来て放水したがまたたくまに水が尽き、消防車が燃え水の出ないホースを持ったまま消防士も生きながら焼かれていた。荷台にいっぱい荷をつんだ一頭の馬が四本の足を広げて炎の中でじっと立っていた。手綱を持った飼い主も馬にピタリと寄り添い馬と一緒に燃えていった。

彼女自身は、両親と妹の四人で火の海の中を防空頭巾をかぶり亀戸駅の方に逃げる途中、頭巾に火がつき、父親から「頭巾をとれッ！」と言われてつないでいた父親の手を離したとたんに、猛り狂う火炎に吹き飛ばされ一人になってしまう。

あたり一面炎に包まれてどこをどう逃げたのかもわからないが、突然真っ暗な場所に出ていた。高い大きな石の建物のようなものがあり、その建物の蔭に人が立ったまま燃えている。その炎は赤くなく緑色。それは「確かに緑色でした」とは二瓶さんの言葉。「後にして考えれば人体にあるリンが燃えていたのですね」「その燃え上がる炎は緑色のきれいな振り袖がヒラヒラゆれているように見えました。その人が私をじっと見つめ、手を出したので、消してあげようと私も手を出しました」。すると後ろから女の人の声がして、「あんた、そんなところに行くと死んじゃうよッ！」。二瓶さんははじかれるようにその場を離れ、そして何かにぶつかる。「その熱かったこと」……。それは真っ赤になって空に向かって曲がりくねった電柱だった。その熱さで我に返り、「お父さん？　お父さん？」と声を出したとのこと。

そのうちどうしたのか急に身体が動かなくなり、次第に意識が遠くなる。遠く近くでカーン、カーンという音がして、時々気が付くと声がする。

「俺たちは日本人だッ」「俺たちは日本人だッ」

「こんな所で死ぬナッ」

「生きるんだッ！　生きるんだッ！」

彼女はまた意識が遠くなってゆき、そして気が付くとまた、

「死んでたまるか！」

「ヤマトダマシイ…　ニッポンジン…」

「ヤマトダマシイ…　ニッポンジン…」

その声が一晩中聞こえていたという。そのような中でどのくらい時間がたったのか、ようやく火も下火になり周囲も明るくなりだした頃、彼女は重なりあう人の一番下から引きずり出された。助けてくれたその人は、彼女の父親だった。猛り狂う炎の中で、父親は彼女を見つけ出し、彼女の上に覆いかぶさるようにして彼女を庇い、一晩中声をかけ続けたのだった。

二瓶さんは初対面ながら私の質問に対してきちんと向きあって下さった。その上同じ戦争体験者のよしみからか、私の厚かましい要望に応えて近々発表予定の戦争体験談の草稿『炎の夜またあした　あそぼうね』をいやな顔もせず譲ってくださった。語ってくれたことがその草稿にも実にリアルに記されている。戦後七十五年にもなんなんとしているが、その記憶力の凄さに頭が下がる。と同時に如何にその夜が凄惨であったかがわかろうというものだ。

最後に記されている文章を紹介してこの項は閉じたい。

「あの戦争の時代を生き抜いた日本の庶民は新しい憲法を諸手を挙げて歓迎し、全身で受け止めたのだと思います。日本国憲法は日本人が命をかけて生みだし、次世代に繋げる大切な日本人の宝であり心なのです」

「消えぬ悲しみ」

話を最初に戻そう。平成十四年（二〇〇二）に開館した資料センターには多くの資料が収集・保存されている。「東京新聞」の平成十四年三月九日の伝える記事によると開館前年の暮れに、西東京市のIさん（七十五歳）から三十ページほどの冊子が館長の早乙女氏のもとに届いたという。「消えぬ悲しみ」と題された東京大空襲・三月十日の体験記だ。

「烈風にあおられたふとん包みが火焔太鼓のように炎を吹き出しながら転がってくる」「途中点々と倒れている遺体は、吹き通った火に焼かれて一様に黒いマネキンのようである」「間近に寄ると、どくろが一個白々と灰の上にあり、歯並びの特徴から母の亡骸に相違ないことがわかる」「私は手放しで泣いた。チクショー、チクショ……」

Iさんは当時十八歳。本所区竪川（現墨田区立川）で空襲に遇い母と妹二人を失っている。「三月十日はいまだに苦しい」と、心に残る悲しみを吐露していると言う。「二十一世紀は戦争の無い世紀になってほしいと思っていたのに、米中枢同時テロ、アフガニスタンへの空爆。二度と戦争は起こしてはいけない。悲惨な体験を戦争を知らない世代に伝えたい」と語っていた。

その新聞記事を読んでいたら突然に思い出した話がある。

それは昭和二十九年四月に封切られた黒沢明監督の二時間半の超大作、かの有名な『七人の侍』の撮影時の話である。村の外にいた侍が、意図的に野武士を数人ずつ村の中に招じ入れ、中で構えている侍が馬で疾走して来る野武士を落馬させ、それを村人が日頃侍により訓練されてきた竹槍で殺戮するシーンがあった。

そのうちの一コマに明らかに超高齢者のオババが鍬を持って、ゆっくりと捉えられた野武士に接近する場面は、積年にわたる彼らに対するうらみが象徴的に浮かび出されて、村人も映画を見る側もハッと一瞬息をのむ傑作のシーンとなっていた。

黒沢はそのオババにプロは使わなかった。スタッフに命じたことは素人のおばあさんを探して連れて来いというものだった。そこで老人ホームから超高齢者のおばあさんが招かれた。この人にかんで含めたように台詞を教え込んだが、練習時には言えても本番になると言えない。回を重ねても決まって「三月十日に家族が殺され……」とつぶやいたという。それを見ていた黒沢はそれでいいとして、セリフは後から他の人によって吹き替えたという。

このおばあさんは昭和二十年三月十日に、家族全員を失ってしまったのだろう。戦後七、八年経ってもそのおばあさんの人生はそこでストップしてしまったままなのだ。そういったそのおばあさんの声に込められた憎しみの情を引き出して使ったりする黒沢監督の演技指導の冴えがあったればこそ、日本映画オールタイムベストテンで小津安二郎の『東京物語』に並ぶ不朽の名作として、この『七人の侍』は日本人の心に永久に残ったのである。

昭和二十年三月十日は、それくらい東京・下町に居住した人々にとって絶対忘れられない日であったのだ。

おばあちゃんに助けられる

さてここで私自身の古い記憶に沈んでいたことを伝えたい。かつて自身の戦争体験記を戦後七十年を期して発刊された『あこよ つまよ はらからよ』（青風舎）というタイトルの本に書いたことは前に記した通りである。その後、一年位の後たまたま書庫の整理をしていた時、『東京大空襲・戦災誌第１巻』（講談社）の深川周辺の被災体験談のコピーが出てきた。興味を持って読んでいたら当時満十六歳の中学生だった方の文章が目に飛び込んできた。

「運動靴も地熱で溶ける」と題したその文章はこのように綴られていた。

「三月九日夜、ちょうど陸軍記念日の前日で記念日に科学博物館に父と共に行く予定で楽しみにしていたのです。二十一時ころ就寝したと思います。サイレンの鳴ったことは知りませんが、兄に「空襲だから起き

昭和二十年三月十日夜半の深川上空

母親の叔母の家（★）で戦災に遭った

ろ」と起こされました。洋服を着ると同時に兄より「焼夷弾が落ちた、消せ」と言われ、一緒にバケツを持って五十メートル離れた我が家のアパートに行きました。

油性の焼夷弾が落ちていましたので近寄ることがせいいっぱいで兄と二人で火を消しましたが、燃焼するいっぽうでした」（中略）

「ちょうど十メートルくらい先に堀に入った五、六人くらいは、いかだが燃え、逃げ場を失い、火傷と熱風に倒されていくのが見られました。が、自分たちの身を守ることにせいいっぱいで、全く生きた心地もありませんでした。ちょうど同級生の一人が同じ場所でわずか十メートル離れた所で死んでいく姿――呼吸困難になり、火でつつまれ、狂人のごとく（原文ママ）動き回ってすぐ倒れていく姿は全く一瞬の出来事のようでした」（以下略）

この後段の文章に出会って私は飛び上がった。実は私の母親の叔母の家は前が貯木場で水の中に沢山の材木が浮いていた。家が焼夷弾に燃え上がった時に母と叔母夫婦は私を最初に貯木場に連れ出し、水があるから大丈夫と思ったのだろう、「ここにいて、もし危なくなったら水に入れ」と命じたのだ。そして私をそこに残し去ろうとした時に突然、耳元で「ここは危ない」と声がしたのだ。私は気がちがったようにしゃにむに水際を脱出して弟を背負った母親にしがみつき、叔父、叔母とともに清澄庭園に逃げ込み命を拾ったのだ。

あの声の主はそれより二年前に亡くなった父の母親であるおばあちゃんのものだった。田舎に行くとやさしくしてくれ生卵の飲み方を教えてくれ、周辺にあったシソの実をとって食べさせてくれた人だ。おばあちゃんが天国から私を救ってくれたのだった。

貯木場に入っていたら前の文章にあるように、確実に死んでいたに違いない。また清澄庭園以外に行っていたら、これまた確実に命はなかったであろう（後から確かめたところ、この貯木場に逃げ込んだ人はほとんど亡くなっていた）。だから、今にして思えば、私の人生は…いや私の命は私だけのものではないという感じを潜在的に持ち続けていたようなのだ。人の為になるならと、新宿区神楽坂でまちづくりという活動を全くのボランティアで二十数年にわたりやり続けているのも、そんなところから来ているのかも知れない。この戦災に遭遇した母の叔母の家は、私にとって思い一入《ひとしお》のものがある訳だ。

私の育った深川

私が中学、高校、大学と住んだ深川清澄の家は、小名木川淵で万年橋と高橋の中間地点で、古地図でいえば「海辺大工町」になる。おそらく家の周辺は江戸時代には、船大工が川べりに軒をならべていたのであろうと想像している。

なにしろ深川といえば「水」だ。あちこちに掘割が無数に走っていた。今は大部分埋められてしまっているが、これほど限られたエリアに運河や川が存在するところは珍しいと言うべきだろう。

昭和二十年四月に茨城県猿島郡境町の母親の実家に疎開してそこで小学校に入り、三学期から東京・港区に転校したのだが、復員した父親が港区の元の回漕業の会社に復帰し、同じ港区の芝浦一丁目で現在シーバンスのある一角にバラック小屋を建てたためだ。そこに五年二学期までおり、次に江東区の深川に越してきたのだ。

「ミラノからヴェネチアに向かう時、その最後の十分間は海中へ突進するような感じがする」そうだが、おそらく戦前の深川もそれと同じような感じがあったのだろう。大正十五年に出版された『深川區史』上下二巻のうち、下巻の『江戸深川情調の研究』の冒頭はそのことから始まっている。つまり「電車で永代橋をわたって、深川に入ってゆく時の感じはヴェネチアと同じで、水都に入る感じだ」と述べられている。

かつて紀伊國屋文左衛門の別荘もあったと言われている清澄公園や庭園も、その水の系列に属している。三菱の岩崎弥太郎が約三万坪の土地を買い、都内で指折りの庭園にしたのがそもそもの始まりだ。和洋両館を建て、洋館はコンドルの設計による約八百坪もある豪華な建築物（現在の清澄公園の場所にあたるところに建てられたが、関東大震災で焼失した）があった。池の水は大川（隅田川）から仙台堀、そこから引き込まれ公園や庭園の中に入って来る仕組みであった。

戦前、母親の叔母の稲垣家が、今から思うとその西洋館跡地の裏側にあった。子ども心にもその家は大好きなところで、二階の物干し場は夏の夜の涼をとる格好の場で、ゴザが敷かれたそこで焚かれた蚊やりの煙が、射し込んで来る澄んだ月の光に心細く揺れ動くさまは、今もってありありと思い出される。また明るい清澄庭園の森、それにセメント会社の工場の建家が、何か映画のセットのようにしきりに思い出される。階下に降りると夏は氷屋、冬はおでん屋で、近くの中村高等女学校の生徒のはなやいだ姿や声が今もって耳の奥によみがえって来る。

一方、洋館の跡地は荒れ果てていて、貯木場のようなものになっていたと記憶する。その水が明るい陽光に反射して、ゆらゆらゆらめいていたのをはっきりと思い出す。だがその家も昭和二十年三月十日の東京大空襲で完全に焼失してしまい、私の記憶の中にしか存在していない。

表現者の血が騒ぐ

何時なんどき、戦争態勢に近づきかねない日本の現状を見る時、その戦災に巻き込まれた人間の一人として好むと好まざるとにかかわらず、戦争に対して発言すべき責務を負うものと考えている。

戦争を阻止できるのは一人一人が戦争を忘れないことだ。「人に忘れられてはじめて戦争がまた顔を出してくる」。その意味では「戦争は悲惨なこと以外のなにものでもないという気持ちを繋いでいく」が、一番大切なことなのだと衷心から思う。その気持ちを忘れたりあきらめたりした時こそが危ないのだ。齢八十歳を迎え、やっとこんなことが言えるようになった。遅きに失した感無きにしもあらずだ。

戦争と同様に忘れてはならないことはもう一つある。原発事故だ。そこで私の脳裏に浮かぶ人がいる。「原発事故と戦争には共通点がある。一度起きたら取り返しがつかないことだ」と言いきっておられる中村敦夫氏だ。ここらでご本人に登場してもらおう。

「ピー、ピー」と線量計が鳴る

中村敦夫氏は、自身で台本を書き、自ら演じる「線量計が鳴る」という朗読劇に仕上げて、一昨年の平成二十八年からスタートさせ、爾来全国行脚を行い昨年の平成三十年十一月までに五十回公演が行われたとのこと。

氏はかつて東京外国語大学を中退して俳優座に席を置き、ハワイ大学に留学し、その前後から長年テレビスターとして名を馳せ、後にＴＶ番組『中村敦夫の地球発22時』のキャスターで活躍し、平成十年参議院議員（無所属）で当選を果たした人である。そこでは無駄な公共事業の告発をし続け、権力の腐敗に噛みつき「政界の一匹オオカミ」と言われたこともある。

その後、七十歳台になり出家をして「心静かに暮らす」ことを念じていたが、平成二十三年に東京電力福島第一原子力発電所の事故が起きる。そこで身に打ち込まれていた「表現者としての血」が騒ぎ出す。「黙ってはいられない」という思いから先に記した朗読劇の制作と実演へと駆り立てられる。

朗読劇は休憩時間を入れて二時間の立ち話のもの。聞くところによると最初劇団の人に出演を依頼したのだが断られ、それならば自分でやろうと決め、ジムに通って足腰を鍛えて舞台への準備をしたという。当面、百回公演を目指しているとのこと。そのテスト朗読を私は二十八年晩秋、日本ペンクラブ環境委員会の「会津の電力施設訪問」フィールドワークで佐藤彌右衛門さんの大和川酒造で聞かせてもらった。そうは言っても私などは環境委員会の劣等生で、当日も末席の隅っこで聞き入ったのだが、氏の表現者魂と言うかそのエネルギーに圧倒されたことを覚えている。

笹塚ボウルにて、中村敦夫氏
（平成二十九年七月十六日）

黒ずくめの男が線量計をかざして舞台に現れると、放射線に反応して「ピー、ピー」と不快な音が鳴り響く。元原発技師の独白で始まるこの朗読劇は、原発が日本に入ってきた事情、福島の事故の実態、被曝による医学的な問題から、原発を動かす日本国の理由とそれに群がる原子力ムラの実態を鋭く暴き、観客の胸を鷲掴みにする優れた作品だった。その後、本番興行も平成二十九年七月笹塚ボウルで聞き入った。

原発に依存する現代社会への異議申し立てを背負い、国家とか戦争とかの不条理さをいつまでも訴え続けている彼の姿は神々しい。

第二の故郷福島県いわき

氏は戦争中、空襲が激しくなった時、父の赴任地であるいわきに東京から疎開して小中学時代を過ごしている。だがそこにもアメリカのB29の爆撃機が飛来して、防空壕に逃げ込んだこともあるという。当然のことながら焼け野原になった東京からは人々がボロボロの姿で移って来たり、食料の買い出しに満員の列車が到着していた。そんな姿を氏はしっかりと見つめていたにちがいない。だから原発事故の被曝後にかの福島を訪れて、その思いは一入のものがあるのだろう。

朗読劇は一幕四場で、福島第一原発の元配管技師の語る言葉はその地の方言だ。

「この話すんのはつれいわあ。……双葉町で生めれ育った俺が、こんな目に遭うのは運命なんだっぺが」。事故後に線量の低い地に移るも、主人公は酒浸りとなる。賠償金を受け取って働きもせず優雅に暮らしているというその地元民の例のやっかみだ。暗に陽になじられる。同じ福島県民とけんかになり警察のご厄介になる。原発で利益を得ているのは一体誰なのか。主人公は背後に映し出されるスクリーンで一つ一つ告発をしていた。

「右向けといわれれば右を向き、左といわれれば左、死ねといわれれば死ぬ。俺はそういう日本人にはなりたくねえんだ」という主人公の言葉が耳に残る。劇中でこう言わせている氏は、日本ペンクラブの使節団の一人としてウクライナのチェルノブイリを訪問している。その帰朝報告がペンクラブ主宰で事故の翌年に専修大学で行われたが、キエフの放射線医学研究所を訪問し、被曝した村々の現状報告は、事故後三十五年経っても悲惨なものであった。その会場で報告を聞き入っていた私も、その一ヶ月後にフクシマ支援のＮＰＯのメンバーとして同地を訪れて、再認識したものだった。

その会場でのこと、ペンクラブの訪問者の自己紹介で氏が「私は出がらし紋次郎です」と言って会場を沸かせていたが、何の何のその諧謔《かいぎゃく》が氏をして不屈の魂を持ち続ける「表現者」たらしめる、まさにキモなのだ。

新作台本

次なるものは同じ日本ペンクラブの主力メンバー四十四名が執筆し昨年九月に出版した『憲法についていま私が考えること』の中で、氏が発表した新作迷走喜劇だ。氏の「流行性官房長官―憲法に関する特別談話―」は注目作品だ。

〈これより、官房長官として、超特別記者会見を始めるでガス。定例会見とは異なり、官邸から遠く離れた東京湾、その倉庫街の建物の地下三階、極秘の談話室で展開する重

大発表でガス。一年に、二度あっても三度なしという……ハアハアー、ハクション！〈と、大きなくしゃみ一つ〉

流行性感冒にひっかけて登場させる、時の官房長官が語る内容を忖度・要約すれば、「ポンちゃん」のあだ名を持つ時の首相が、何故「改憲」と言うのかというレクチャーなのだ。長官の本音はこうだ。

〈私個人は正直言って、この問題はややこしくて嫌いでガス。いくら議論したって、落としどころないからでガス。それなのに、ポンちゃんが「改正！　改正！」って叫ぶもんだから、とんでもない騒ぎになっちまったんでガス〉

なるほど自衛隊を憲法に入れないのは可哀相だからという屁理屈は、それなら警察や海上保安庁など、どうなるのかといったことを考えさせる。それから長官は突然大変なことを指摘し出す。要約するとこういう話だ。

一九五〇年代、東京都砂川町、米軍基地の拡張に反対した住民たちが基地内になだれ込んだいわゆる砂川事件が起った。住民らは刑事特別法違反で起訴されたが、地裁の伊達裁判長の判決は、住民は無罪。しかも日米安保条約は憲法第9条違反だと断じた。あわてたのはアメリカ国務省。日本司法界に圧力をかけ、高裁をすっ飛ばし最高裁に問題解決を迫った。そこで田中裁判長は原判決を破棄・差し戻し、こうのたまった。「日米安保条約のような高度に政治性を持つものには、裁判所の違憲立法審査権は原則なじまない。内閣と国会の判断にゆだねるべき」。――これにより日本の三権分立は崩壊・空中分解し、裁判所も検察も時の内閣の言うままになってしまった。アメリカに屈した瞬間だ。だのにアンポンタンのポンちゃんは改憲など と、ややこしいことを馬鹿の一つおぼえで言いふらし、果てはじいちゃんの意思だったとか、訳のわからないことをのたまう。しかもまとめ役を長老に任せるなどとあきれた話だ。

こう言った具合に、この長官は一体護憲派なのか何なのか？　と首をひねらす迷走劇を展開させている。このあたりは中村氏の独壇場だ。

氏は昭和四十七年にテレビ番組「木枯らし紋次郎」で「アッシにはかかわりのねえこって……」と言いながら、弱者の味方をして損な役割を演じ続け（？）、昭和五十八年刊行の『チェンマイの首』の筆を執り、東京は赤坂の事件とタイの王様の新国王就任を狙うクーデターとからませる、十万部のベストセラーとなった情報アクション小説で読者をうならせていた。

いずれにしてもこれだけ歯に衣をつけず政治的発言を平然とする人物は、日本中探してもあまり見かけないし、勇気ある貴重な人である。戦争にしても原発にしても誰もが責任を取らぬことへの公憤・義憤が彼の表現者魂をゆすぶるのであろう。

私の公憤—危険水域を超え出した日本、これでは「ゆでガエル」だ

中村氏の公憤の一端に触発され、私の最近の政治や世相に関しての公憤を述べる。

政策全般に言えることは、例えば消費税増税や初の百兆円を超える次年度予算に見え隠れする今更ながらの民意一切無視、いや無関心さだ。—まさに安倍首相の一国のリーダーとしての見識の無さの愚。

昨年の平成三十年末の臨時国会での、生煮えの「改正入管法」「改正漁業法」「改正水道法」の強引な法案成立—国会議員の法案審議権を奪い取り、国民に一切説明しない愚。

アメリカ・トランプ大統領に押しつけられるままの軍装品と莫大な費用負担、それも百パーセント言い値で買わされる馬鹿さ加減、今や防衛省は支払いで首が回らないという始末。それに護衛艦「いずも」の空母化などなど—日米連携の防衛政策を不問のままに従わされる愚。

沖縄県民に無礼な土砂投入開始、しかも問答無用。同じ沖縄県石垣市の陸上自衛隊配備や環境影響評価逃れ—地方自治の完全封殺、住民無視の愚など。

どれをとっても、国民感情無視の政治的・軍事的な事実上の積み重ねをしている。「専守防衛なんて、過去のものなのか」。なんら国民に説明もせずコソコソやってしまって、あきらかに憲法違反ではないか。これが民主主義なのか。国の財政破綻が目に見えているのに軍事費の

膨大化はどうするのか。
日本は他国との関係改善、友好の構築を惜しみ、武装することで相手を牽制できると何故、錯覚するのであろうか。武力の装備競争はエンドレスだ。危険な状態に持ち込んでよもやの衝突を起こしたらどうなるのだろうとか、相手に与える悪印象は必ずブーメランの如く自分に戻ってくると言う想像力が、何故働かないのか。第一相手と敵対しなければ、危険など起こらないのではないか。

言いたかないが、低劣な内容を言いたい放題の麻生氏、「次の質問」を多発した傲慢な河野外相をはじめ、説明から逃げ回る閣僚たち、自民党諸議員の発言のお粗末さ。これらは皆トップ首相に倣《なら》えばこそだ。

マスコミも低劣に堕した。平成三十年十二月十五日の各紙の朝刊を見てみよ。「辺野古　土砂投入　強行」と第一面トップで載せ幅広く見解を述べた朝日、毎日、東京新聞。それに対して購買数業界一を誇る読売などは「辺野古移設へ本格作業」と一面中段に四百字原稿用紙一枚くらいのボリュームしかない。
しかもテレビではやらせとしか思えない「日本礼賛」のオンパレード。

日本の国がどんどん劣化してゆくのにそれを口にしないのならば、この国の権力側はどんどん頭にのってくる。国民もヘラヘラしていたらかつて来た道、心のいやしい国にまっしぐらなのではないか。昭和を知らない若い世代が大多数、「安倍政権になって社会・経済が安定してきたし、国際的にも外交をうまくこなしている、アベで何故悪い」と言った声に便乗して、ジワリジワリと一般人の不満をコントロールし、幅広い既得権益層作りに励み、自民党内だけに通用する現実的な対応に終始させている。

「われわれは無力だ」なんて自分一人で折り合っている内に、今やとっくに自民党政権は危険水域を超え出してしまった。一般国民は「ゆでガエル」状態だ。（「茹《ゆ》で蛙理論」とは主に企業経営やビジネスの文脈で使われてきた。カエルは熱湯に入れられると驚いて飛び出すが、普通の水に入れて徐々に熱するとその温度の変化に慣れっこになり命の危機に気づかないで茹で上がって死んでしまうという話）

私は今、日本の政治・経済に対して義憤・公憤の極度に達しようとしているが、氏はいかがであろう。僧籍を得ている氏のことだから尚更、その思いはつのるであろう。何しろ原発事故が起きても誰も逮捕されない。「やれ百年に一度の地震のせいだ」「やれ私は常々おかしいと思っていたんです」。それを免罪符にする狡猾な政治家や企業経営者や研究者を告発しているくらいなのだから。

戦争だって同様だ。誰も責任は取らないだろう。何故、得意な文化・芸術・科学などで国際社会から尊敬される国づくりをしないのか。また「平和な国づくり」そのものが、国際的に見ても尊敬の的になる最たるものではないのか。なんでわざわざ「いやしい・さもしい国づくり」に励むのか。現下の最大危険の状態に対して黙っていて良いのか。こういったことへの公憤、義憤を、迷惑だろうが氏と共有しながら私は市井の片隅で生きていきたい。

ともあれ、マスメディアの渦中にあって活躍する氏の勇気と健闘に頭《かしら》をたれつつ、われわれ日本人の代弁者に深く感謝する次第だ。

特攻死　T少尉に贈る

最後に私にとって忘れられない人のことにふれてみたい。直接三月十日とは無関係なのだが、特攻隊出陣という特攻死について書いた人だ。私が三十七年間勤務した住友軽金属には、多士《たし》済々《さいさい》の人たちがおられたが、その中で忘れ得ない人が、高畠平《すぐる》専務であった。年齢的に二十歳くらい上の大先輩であり、仕事も東京本社で営業畑の方であったため、名古屋の人事畑の私などからすれば遠い存在であった。平成二十年（二〇〇八）に八十八歳で亡くなられたということであるが、かつて業界紙に載った氏の文章が私の脳裏から離れないこともあり、たった一度だけ席を同じくした折に、その旨を伝えたことがある。

遠い虚空を見つめる風の中で、こんなことを彼は述べておられた。「飛び立つ直前の最後の別れの言葉は、『元気に行って下さい。私たちも必ず後に続きます』としか言えませんでしたね。あの特攻って一体何だったんでしょうかね」。その震えたもの言いが、今でも耳の中に残っている。ご遺族の許しを得てエッセイの全文を記載する。

ここに一冊の辞書がある。「明解国語辞典」金田一京助編、昭和十八年初版発刊、表紙は破れ、とじ糸も所々切れている。しかし私は常時仕事机の引き出しに入れていて、文字通りの座右の書である。戦後多くの国語辞典が出たが、私はこれを手離したことがない。表紙をめくると、とびらに万年筆で『必殺』という恐ろしい言葉、そしてこれを贈ってくれた友の署名、左方に「T少尉に贈る」と書かれ、長い年月の中でも、これらの文字は鮮やかさを失ってはいない。

昭和二十年春、私たちは九州の飛行隊にいた。彼は拓大剣道部出身の猛者で、飛行学校以来生死をともにして来た仲間。幸運にも前年末いっしょに内地に転属してきた男だった。その彼に沖縄の敵戦艦船につっこむ特別攻撃隊員の命令が下った。（私の知る限りは本人の希望や志願の形ではなく、ある日突然軍司令部に出頭を命じられ、辞令を受けるだけである。私もまた同じ形の命令を受けた）

ガダルカナルの敗退以来、テニヤン、サイパン、フィリッピン、沖縄へ米軍は迫り、内地空襲がはげしくなる。まさに祖国は危なく、学生上がりの若者も当然予想した特攻の命令を受ける。天皇のため、国家のためにという観念がある。しかし普通の闘いで死ぬというのとは違う。特攻は全くの自殺行為である。命令を受けて早くて一週間、遅くても一ヶ月くらい。若者はのたうちもがくものである。

出発の前夜、彼は平素から私がその辞書を欲しがっていたのを知っていて、たんたんとした顔で署名した上、私に遺してくれた。今年になって、私はたいへんな衝撃を受けた。ふと開いたこの辞書の中に、偶然彼の書き込みを三十七年ぶりに発見したのである。「帰還」という言葉を丸くかこっている。「(戦地から)帰ること」と戦時中の辞書らしい訳がついていた。「必殺」の文字と「帰還」にしるしをつけたあの好青年の最後の思いが、私にはつらい。

エピローグ

再び「焼き場に立つ少年」を出さないために

そもそも今の政権はアメリカ属国一辺倒であっても、その意識すらなく「主権国家」であるかのような、偽りの前提に立って政策を論じている。日米地位協定を国の憲法の上位におく国など、どんなに言いつくろっても主権国家などと言えない。日本はかつても今も「国家主権の回復」などしていないのに、そのことをとっくに忘れている。この意識のなさ、程度の低さ、欺瞞が大問題なのだが、それがわかっていない。その結果、アメリカと肩を並べた友好国という錯覚に陥っている。しかも「アメリカ帝国の西の辺境」の役割を積極的に務めることが大事だと、勝手に思い込んでしまっている。

考えてみよう。アメリカから世界を俯瞰して構想する「パクス・アメリカーナ」はとっくに消失してしまっている。特にトランプ大統領の「アメリカンファースト」は、徐々にそのみにくい姿を露呈させている。アメリカは出口無しになって来れば来るほど、「属国をひたすら収奪するだけになる」ということだ。これが現実味をおびてきているだけに、一層怖い。

何故「敗戦」でなく「終戦」なのか

日本は戦争に敗れた昭和二十年八月十五日を、「敗戦記念日」といわず「終戦記念日」といった。「占領軍」を「進駐軍」といった。

あの戦争は日本の全体主義的な体制のもとで行なわれた。その体制を清算して戦後は出発した。ドイツがナチス体制を清算したのと同じだ。ドイツはヒトラーを熱狂的に支持したがために、戦後は敗戦を認めて国民全体が罪の意識を持っていた。日本は政府が軍部に乗っ取られて戦争に突っ込み、それが敗れたのだから、結局「軍部が悪かったのだ」というストーリーに変えてしまった。軍部指導者が善良なる国民をだました、天皇すらだましたということにしてしまったのだ。これをして被害者意識だけ残して……。だから負けたのは日本軍部であり、国民にとってはやっと戦争が終わったという意味で「終戦」なのだ。

だがあの当時の空気をかすかにではあるが知っている私にしてみれば、まったくの欺瞞としか思えない。旧満州進出、中国進出、東南アジア進出に国民は「万歳、万歳」をした。その結果、特に中国の人民解放軍などの民衆の戦いに敗北している。東南アジア諸国の間でもアジア・ナショナリズムとの戦いでも明らかに日本は敗北している。それなのに中国を始めアジアの戦争で負けていなかったと強弁した。負けたのはアメリカにだけだという錯覚にも似たすり替えをした。だからこちらも「敗戦」ではなく「終戦」だという屁理屈だ。

今もって理不尽にも中国、韓国に居丈高なのは、こんなところから来ているのかもしれないし、なんでもかんでもアメリカにへつらい同調性を発揮せざるを得ないのも、こんな気持ちからかもしれない。

だがこの一連の現象には、日本人の精神性の中に「確たる主体性」の自覚がないということだ。主体性がないということは責任もないということでもある。

なにしろこれだけの大戦争を起こしながら、われわれが戦争を起こしたという意識がどこにも見当たらない。「無責任の大系」がしっかりと日本人の第二の本性になっているということだ。

アメリカは日本を愛しているのか

敗戦によってドイツは東西に分断され、日本はアメリカに沖縄を押さえられた。その沖縄も一応昭和四十七年（一九七二）に返還されたが、東西ドイツが平成元年（一九八九）のベルリンの壁崩壊によって統一がなされたのと、そのインパクトの強さは比較にならないと言うべきだ。沖縄はあまりにも不幸だ。昭和天皇までも「沖縄をアメリカの軍事基地としていつまでも使って欲しい」と言ったことは、歴然たる事実だ。アメリカにへつらいつつ、日本国の沖縄への軍事基地に対する無責任な対処の仕方には目に余るものがあった。

そんな中にあってアメリカの戦後の日本占領統治は、それほど悪いものではなかったという意識が多くの国民の中にあることも、これまた事実だ。世界の平和を願い戦争放棄の憲法を実現させ、民主主義が入り、人権意識が高揚し、資本主義もまた悪くなかったからだ。だから戦前の軍国主義の払拭《ふっしょく》もできたし、アメリカ様々という意識が広まったのも当然なことであった。

だがアメリカの寛大さのお陰で、日本人の中に敗戦の認識が薄くなってしまったことは、新たな問題だったと言うべきだろう。小林正樹監督の映画『東京裁判』（一九八三年）では、日本のA級戦犯たちの死刑の判決後にベトナムをはじめとする戦争のシーンが写し出されていたが、世界平和という名のもとの判決も実際の平和というものになんら貢献していないことを彼は訴えていた。

日本の歴代の首相の中でアメリカに異議を称えた唯一の首相は鳩山氏だ。が、アメリカのワシントンと自民党の中枢部と日本の外務官僚とが一致協力して、鳩山氏と小沢氏の人格破壊を目論んで圧殺したのはご覧の通りだった。その後は小泉、安倍両氏のアメリカ一辺倒、アメリカ奴属《どぞく》へとまっしぐらに直進した。（この奴属という語は私の造語で本来は従属とか隷属と言うべきであろう）

一体誰がアメリカとの関係を不離不即のものにしたのであろうか。間違いなく初めはマッカーサーと昭和天皇会見をめぐる神話の創造であった。天皇の高潔さにマッカーサーが感動して、天皇に敬意を抱いたという例の話だ。つまりアメリカが「日本の心」を理解したという物語が、そこで創られたのだ。「天皇を理解し敬意を払ったアメリカ」、「アメリカは我が国日本に好意を持っている」。だから安心してアメリカに身も心も捧げるのだという話を作り上げていったのだ。

ここらへんは『永続敗戦論――戦後日本の核心』を書いて注目を浴びた白井聡の説に耳を傾けざるを得ない。氏は「こういった観念に、今日奇怪と評する他ないものとなり果てた日本の対米従属の特殊性の原点がある」と分析している。「対米従属的な国家は世界中に存在するが『アメリカは我が国を愛してくれているから従属するのだ（だからこれは別に従属ではない）』などと観念を抱きながら従属している国・国民など、ただひとつもあるまい」（『国体論　菊と星条旗』集英社新書二〇一八年）と述べている。たしかに在日米軍に「思いやり」予算などと持って回った言葉でお金を拠出したり、3・11の救援活動を「トモダチ作戦」などと意味不明なネーミングをつけたりするのもそのせいかもしれない。

アメリカの指示通り「戦後日本は民主主義国として再出発」したという決まり文句によってやってきたことは、政治や経済に見るごとく民主主義を腐敗するにまかせてきたことだ。これは何故か。直近の政治動向を見ても特定秘密保護法、集団自衛権行使容認、安全保障法案、共謀罪法、と属国化路線をひたすら走り、国会運営にしてもモリ・カケ問題、公文書改竄問題をうやむやにし、貧困・弱者差別などの民主主義の思想を磨き上げるどころか、カジノ法案、参議院定数増のような、その真逆のことに精を出している。明らかにアメリカン・デモクラシーへの敬意と愛着を装った一種の擬装だ。

その底にある本音は、「好かれている間」は少々の勝手は許されるという身勝手な理屈だ。「大目に見てもらっている」というおごりでもある。だからなおさら「天皇が日本国民を愛してくれているように、アメリカは日本を好いている」といういうゆるがぬ神話を作り続け、「友好国」「同盟国」という言葉にしがみつき、「アメリカの言うことは総て正しい」とする小泉、安倍という総理大臣が続き、ますます奴属することに精を出すという、ゆがんだ論理がまかり通ることになる。

だがブッシュにしてもオバマにしても、トランプ現大統領にしても、日本が思うようには日本のことを考えていない。まして先に触れたようにアメリカは世界を俯瞰して構想する「パクス・アメリカーナ」をとっくに消失させてしまっている。特にトランプ大統領の「アメリカンファースト」によって、日本を思ってもくれなかったし好いてもくれてもいないことが露呈した。彼等にあるのは軍事産業の衰退を嫌い「イラン・イラク・北朝鮮」の脅威を喧伝《けんでん》していく米国戦略の基本計画の維持だけである。機会があれば日本を戦争に引き込み、一つのコマに使うというハラはとっくにでき上がっている。

それなのに「アメリカ命」で女王陛下のスカートの襞にしがみつくような現総理のことを、アメリカ人は「トランプのペット」、つまり「トランペット」とさかんに言っているらしいが、日本国内ではこの種の表現は一切オフレコになっている。現首相についてはどうも暗愚な人物との評価がまかり通っているらしく、結論を言うならアメリカはもうとっくに「日本を見放している」と言うべきなのだ。

最前線に立たされる日本の自衛隊

こういった日米間の揺らぎの中で、アメリカは集団自衛権に関しては二十年前から言い続けてきたことを現政権で一気に動かしたのだから、彼の国にとってはこんなありがたい話はないという気分であろう。ただし、アメリカは安倍のような歴史修正主義は絶対に〝NO〟である。極右のイデオロギーをアメリカは絶対受け入れない。彼の国は極右を受け入れない歴史観を今も持っている。右翼化するトランプ政権に対して現在吹き荒れている怒れる人たちの社会主義旋風を見ても、それは明らかだ。

それだけに「アメリカは素晴らしい」と馬鹿の一つ覚えの幻想から抜け出せず、アメリカ一辺倒のコンプレックスの固まりのような日本の統括者は、それ故につけ込みやすい存在になって来ている。何故なら日本の利害よりアメリカのそれを優先させる卑屈な対米従属が見え見えだからだ。これで世界最大の経済大国に成長しつつある中国に対する取り引きに、日本をとことん利用することができる。もし尖閣紛争が起きたらアメリカは知らん振りするだろう。何故なら対中国との友好関係のほうが数段に大事であるからだ。ロシアとの四島問題もしかりで、アメリカは知らん振りをするだろう。

そしてここが肝なのだが、衰退を深めるアメリカは、そのツケの大半を日本に回してくるに相違ない。押しつけてくる一番のことは軍事面であろう。アメリカはシンプルな国だ。カネはないし、モノを作る力も無くなったことでもあるし、戦争に対する厭戦気分も充満してきている昨今、さしあたって自衛隊の活用を日本に申し渡すことは必定だ。

軍需産業の衰退を避けるためにも地球の特定の場所での戦争をしてきたアメリカが今後取るべき政策は、アメリカ兵のかわりに日本人を戦場に立たせる戦略である。それならば兵器や関連軍需品をいくらでも買わせられるし、自国の人間の損失をふせげる。自衛隊に死者が出ようと、日本を標的にした攻撃や爆弾テロが起きようと、言ってしまえばどうでもいいことだ。

といったことを考えただけでも、改憲によって「戦争のできる国にする」なんて発想は一体どこから出てくるのであろうか。平成三十年の広島原爆の日に松井一実広島市長が平和宣言を述べた中で、「核兵器禁止条約の成立に貢献したＩＣＡＮがノーベル平和賞を受賞し、被爆者の思いが世界に広まりつつある。その一方で、今世界では自国第一主義が台頭し、核兵器の近代化が進められるなど、各国間に東西冷戦期の緊張関係が再現しかねない状況にある」と危惧を表明していたが、まさにこういった緊張感こそ今の日本国民には必要極まりないのである。

日本の政治的な現状を徹底的に批判しないメディアもいけないが、それ以上に民意の反発力の乏しさだ。まさにこれこそが日本の将来を決定してしまうだろう。すでに若者の政治への無関心さが極限にまで来てしまっているが、「お上に従順」は美徳でもなんでもない。世界の動向から来る日本の現状をヘラヘラしていてよいという水域はとっくに超えてしまっている。

『「たえがたきを忍び、忍びがたきを忍んで』（『続堕落論』原文ママ）という昭和天皇の言葉に国民が泣きむせび、他ならぬ陛下の命令だから……と昭和二十年八月十五日を迎えたなんて、嘘をつけ！　嘘をつけ！　我等国民は戦争なんかやめたくて仕方がなかったのではないか。竹槍をしごいて戦車に立ちむかい、土人形のごとくバタバタ死ぬのが厭でたまらなかったのではないか」と言うようなことを坂口安吾が敗戦翌年の『続堕落論』で吼えたが、さらには天皇を手玉にとった軍部の手を本能的に知っていたのが国民であれば、国民もまた本能的にその手に乗ったのが本当のところだ。

先に累々と述べてきた戦後アメリカとの協同によって作って来たもろもろの偽りの話、例えば「マッカーサーが昭和天皇に心打たれて日本の心を理解した」とか、「アメリカは天皇にかわって日本人を好み、愛している」なんてフィクッションもここらへんできっぱり清算しようではないか。

「平和立国」への道に歩み出そう

イラク戦争が始まった（二〇〇三年）頃、「日本は平和国家なのに、何故アメリカに協力するのかといぶかしがられたが、今や東南アジア諸国から「平和国家と言いながら戦争に加担する国」と、呆れ顔に同情を織り交ぜた顔をされるという。この僅か十五年の間に日本は世界に対して大事なものを失ってしまったのだ。

アメリカにここまで追い込まれてきた現在、日本が持つべきなのは「自立」ないし「自立への意気込み」だ。大国アメリカへの従属などというダークな幻想はここらへんで捨てるべきだ。大国の言うなりになるのは植民地だ。スイスの教訓に「二国間同盟は他の国を敵にまわす」との言葉があるそうだ。

そう。もうアメリカとの二国間同盟をやめて全ての国と対等な関係になろう。昨年末に閣議決定された「中期防衛力整備計画」(中期防・二〇一九年度から五年間)の所用経費約二十七兆五千億円と言った膨大なことは止めて、周囲の国に納得してもらえるように専守防衛に徹し、自衛隊の装備の縮小をはかっていこう。

究極は国内での自衛隊のイメージである自然災害支援を拡大して、世界に対しても人道支援に励み「平和立国」として、やり直すというべきか作り替えていくべきなのだろう。その為にも絶対必要なことは、日本の持つ文化(技術も含む)や日本人の資質(勤勉性ややさしさ)に根ざした誇りを持って、アメリカに対して「位負け」しないことだ。もちろん中国、韓国、北朝鮮に対しても同じ姿勢を保つことだ。そして心の底からそれぞれの国の独自性に対して、敬意を持ち続けることだ。

さもないと、再び日本は戦争に巻き込まれていくし、そして再び「焼き場に立つ少年」を生み出してしまう。また私が固執する「昭和二十年三月十日」も風化させてしまう。日本国憲法が大切なのはアメリカが指示した第9条の戦争放棄だけではない。日本人の手で作った第25条、「すべて国民は、健康で文化的な最低限度の生活を営む権利を有する」（この条文はマッカーサーの憲法試案にはなく、衆議院憲法改正小委員会の委員だった森戸辰男、鈴木義男ら社会民主主義者が作ったもの）が、戦後日本を支えて来たのだ。

現政権が計る幼稚な「大日本帝国ごっこ」などで、崇高な平和憲法が破壊されてはいけないと心底考える昨今だ。

最後に、天皇陛下の八十五歳の誕生日にあわせて行われた記者会見には深く心を打たれたことを記したい。「平成が戦争のない時代として終わろうとしていることに、心から安堵しています」と天皇は言われた。そして私にも印象的な三つのことが心に残った。それらを記してこの項を閉じたいと思う。

一つ、昭和四十七年に沖縄の復帰が成し遂げられました。沖縄は、先の大戦を含め実に長い苦難の歴史をたどってきました。（中略）沖縄の人々が耐え続けた犠牲に心を寄せていくことの私どもの思いは、これからも変わることはありません。

一つ、今年、我が国から海外への移住が始まって一五〇年を迎えました。この間、多くの日本人は、赴いた地の人々の助けを受けながら努力を重ね、その社会の一員として活躍するようになりました。（中略）各国から我が国に来て仕事をする人々を社会の一員として私ども皆が温かく迎えることが出来るよう願っています。

一つ、私はこれまで、象徴としての私の立場を受け入れ、私を支え続けてくれた多くの国民に衷心より感謝するとともに、自らも国民の一人であった皇后が、私の人生の旅に加わり。六十年という長い年月、皇室と国民の双方への献身を、真心を持って果たしてきたことを、心から労《ねぎら》いたく思います。

おわりに

平成二十八年、アメリカ・コスタリカ合作で製作された映画『コスタリカの奇蹟』は翌年六月に日本で公開されたが、短期間の上映だったために以降、一昨年の平成二十九年から、各地で自主上映がなされていた。八月に私は家内と土浦でこの映画を見て、深い感動とともに考えさせられた。

昭和二十三年に激しい大統領選を制した市民側のリーダー、ホセ・フィゲーレス将軍が、国軍の拠点だった要塞で開いた祈念式典で基地の壁に向かってハンマーを振り下ろし、「この要塞の鍵を学校に手渡す。今日からここが文化の中心だ」と宣言した。まさにコスタリカが軍隊を廃止した瞬間だった。これにより軍事予算をゼロにして、それを教育、医療、環境に振り向けた。「最大の防衛は軍隊を持たないこと」という姿勢をつら抜いたその国こそ、「米国の裏庭」と称された中米のコスタリカである。

もちろん、現在にいたる七十年間にはアメリカの策動により、昭和二十四年、三十年と隣国ニカラグアから体制転覆を狙った攻撃を受けたり、平成二十二年には国境を越えて一部占領されるという事態も起きている。が、コスタリカは国際法に訴えたり、オランダのハーグの国際司法裁判所に提訴して、勝訴してニカラグア軍を撤退させ、国境紛争は一発の発砲もなく解決している。かの国の憲法で①恒久的制度として軍隊は廃止する。②公共秩序の監視と維持のために必要な警察力は保持する。③大陸間協定によりもしくは国防のためにのみ軍隊を組織することはできる、としているが、現在まで軍隊は組織していない。

映画ではある男性が「コスタリカにとっては軍隊を持つことは経済的・社会的発展の妨げだ。わが国は福祉国家になることを決めたのだ」と述べていた。「地球幸福度数」世界一は、軍事予算ゼロにしたことから勝ち得たコスタリカの勲章であり、それを国民は文句なく誇りとしている。

もちろん、この国も最近ではグローバリズムや新自由主義の影響によって格差が増大し、中産階級の没落によって一般市民の生活が困窮しだし、賄賂が横行したり、環境保全や維持が困難を来していることも映画は正直に紹介している。軍隊を持たないからといってよいことばかりではない。

だが平成二十六年のコスタリカ国会では第二次世界大戦の戦後七十年を迎えるにあたり、軍隊を持たずに平和国家として歩んできた「コスタリカと日本のノーベル平和賞の授与」と決議もしていた。

コスタリカは小国だったから非武装が可能だったわけではない。平和を願う国民の知性と勇気と粘り強い思いと行動がそれを可能にして来たのだ。一方、平和憲法を抹殺しかねない現政権のもとで岐路に立たされている日本は、はたしていかなる方向に進むのであろうか。

また、親日派のマレーシアのマハティール首相（九十三歳）が、平成三十年九月の国連総会での演説の後での記者会見で、日本の平和憲法を称賛しマレーシア憲法を改正して武力行使を制限することに改めて意欲を示した。かつ日本の憲法改正の動きに触れて「戦争に参加できるようにする改正なら大きな後退だと思う」語っていた。

今、傘寿を迎えてしきりに胸騒ぎがしてならない。

最後に、意あまり、昭和二十年三月十日と直接関係ないことや、不適切な表現なども多々書いてしまったのは率直にお詫びするが、日本の内外をとりまく危ない状況をおもんぱかった故と賢察し、筆の滑りをお許し願いたい。

平成三十一年二月一日

寺田　弘

主要参考文献

早乙女勝元　『東京大空襲―昭和20年3月10日の記録―』岩波新書、一九七一年
早乙女勝元　『ハロランの東京大空襲　B29捕虜の消せない記憶』新日本出版社、二〇一二年
梯久美子　『昭和二十年夏、子供たちが見た日本』角川書店、二〇一一年
瀧井宏臣　『東京大空襲を忘れない』講談社、二〇一五年
小林和夫　『東京大空襲をくぐりぬけて―中村高等女学校執務日誌―』銀の鈴社、二〇一五年
佐伯啓思　『国家についての考察』飛鳥新社、二〇〇一年
増田弘　『石橋湛山　思想は人間活動の根本・動力なり』ミネルヴァ書房、二〇一七年
安倍晋三　『美しい国へ』文春新書、二〇〇六年
鳩山由紀夫　『脱　大日本主義　「成熟の時代」の国のかたち』平凡社新書、二〇一七年
内田樹他　『もの言えぬ時代　戦争・アメリカ・共謀罪』朝日新書、二〇一七年
矢部宏治　『日本はなぜ、「基地」と「原発」を止められないのか』二〇一四年
国防を考える市民懇話会編　『〝丸腰〟国防論　憲法9条の理念、今ここに！』ゆう出版、二〇一五年
色川大吉　『わが半生の裏街道―原郷の再考から―』河出書房、二〇一七年

本著書の発行について

平成が幕を閉じる年の最後の月、四月六日(土)に寺田弘さんの出版記念パーティーが開かれた。深川のライブが行われる小さな喫茶店で、十冊目になる著作のお祝いの会であった。

寺田さんは「これで最後の本だから」とおっしゃるので、寺田さん流の終活の一つかなとのんきな気分で出席させてもらった。

そこに集まったのは小学校時代の八十歳の同級生と、それより少し若い七十歳から三十歳代までの寺田さんの友人知人ばかりであった。最初に寺田さんが少し長めの挨拶をした後、寺田さんに順番に指名されて語りだしたのは、深川の小学校時代の同級生が多かった。その話題は、七十四年前の深川の空襲体験であった。あるいは疎開先で難を逃れた話だった。

小さな喫茶店の空気に七十四年前の空襲の気配が濃く漂っていた。著者の寺田さんはこの時を待っていたのではないかと思った。計画的に図ったものではないが、心のどこかで同じ思いを共有したいという気持ちがあったのではないだろうか。

会が終わってテーブルの向かい席にいた有馬三郎さん(本著書の発行人)の目が輝きだして熱く語りはじめた。「出版人としてこの本は、私家本にとどめるのではなく正式出版しましょう!」と。

『遥かなり　昭和二十年三月十日』は、最初私家版で寺田さんが知人友人に献本するために自費出版した本である。そのほとんどがすでに贈り終わってしまい、在庫が空に近かったからである。そして献本された人たちからの反響は予想以上に大きかった。

もともと寺田さんはサラリーマン時代からかかわったいくつかの地域の「まちづくり活動」をベースにコミュニティー論や都市論を主に本にしてきたのだが、ここにきて高まりつつある現政権の憲法改正の動きに対する異議申し立てをこの本でしたのだ。

出版記念パーティから数日後に元号が代わり、この本は令和元年の末にお化粧直しをして発行される段取りとなった。新しい版は、十代から二十代、三十代にも読み継いでもらいたい本だとつくづく思う。

私家版の編集人・長岡弘志

寺田　弘（てらだ　ひろし）

昭和十三年（一九三八年）、東京・深川に生まれる。東京大学卒業後、住友軽金属工業に入社。名古屋製造所人事部、日本アルミ業務部出向、名古屋製造所総務部長、住軽メモリディスク常務、住軽アーバンテック常務、アーバンデザイン社長、文芸事務所三友社専務など歴任。

著書

『水と緑のまち石岡』（太平堂出版）
『往き交いのときめき—名古屋に吹く新しい風』（木文化研究所）
『東京　このいとしき未完都市』（日本図書刊行会）
『私の新三都　京都　金沢　そして東京は神楽坂』（天地人企画）

共著

『路地のあるまちづくり』（学芸出版）
『粋なまち神楽坂の遺伝子』（東洋書店）

寺田弘　著作集

遥かなり　昭和二十年三月十日

二〇一九年十一月三十日　第一刷発行

著者　寺田弘
発行者　有馬三郎
発行所　天地人企画
〒一三四-〇〇八一
東京都江戸川区北葛西四-四-一-二〇二
電話・ファクス　〇三-三六八七-〇四四三
制作　有限会社サザンカンパニー
編集　長岡弘志　岩貝雄子
装丁　有限会社ＶＩＺ　中平都紀子
印刷・製本　株式会社光陽メディア
定価はカバーに表示してあります

ISBN978-4-908664-07-6 C0036